本书是重庆市武陵山片区协同创新中心重大委托项目最终成果；陕西科技大学重点项目“新时代西南民族地区基层党组织建设研究”成果

民政兜底政策实践对乡村振兴的启示

——基于重庆市武陵山片区的研究

吴明永　李泽桦　王文涛◎著

中国财经出版传媒集团

经济科学出版社
Economic Science Press

图书在版编目（CIP）数据

民政兜底政策实践对乡村振兴的启示：基于重庆市武陵山片区的研究/吴明永，李泽榉，王文涛著．--北京：经济科学出版社，2022.1

ISBN 978-7-5218-3400-0

Ⅰ.①民…　Ⅱ.①吴…②李…③王…　Ⅲ.①农村-社会主义建设-研究-重庆　Ⅳ.①F327.719

中国版本图书馆 CIP 数据核字（2022）第 021954 号

责任编辑：王　娟　郭　威
责任校对：杨　海
责任印制：范　艳

民政兜底政策实践对乡村振兴的启示
——基于重庆市武陵山片区的研究
吴明永　李泽榉　王文涛　著
经济科学出版社出版、发行　新华书店经销
社址：北京市海淀区阜成路甲 28 号　邮编：100142
总编部电话：010-88191217　发行部电话：010-88191522
网址：www.esp.com.cn
电子邮箱：esp@esp.com.cn
天猫网店：经济科学出版社旗舰店
网址：http://jjkxcbs.tmall.com
北京季蜂印刷有限公司印装
710×1000　16 开　11.25 印张　180000 字
2022 年 4 月第 1 版　2022 年 4 月第 1 次印刷
ISBN 978-7-5218-3400-0　定价：49.00 元
（图书出现印装问题，本社负责调换。电话：010-88191510）

出版说明

2021 年 2 月 25 日，习近平总书记在人民大会堂向世界宣布，“经过全党全国各族人民共同努力，我国脱贫攻坚战取得了全面胜利，现行标准下 9899 万农村贫困人口全部脱贫，832 个贫困县全部摘帽，12.8 万个贫困村全部出列，区域性整体贫困得到解决，完成了消除绝对贫困的艰巨任务。”① 全面脱贫意味着存在了几十年的贫困县将走入历史，中国即将迎来一个没有“贫困”的时代。贫困人口在统计上的消失，意味着长期困扰中国农村的原发性的绝对贫困将基本终结。但当前我国正处于脱贫之后接续推进乡村振兴的历史阶段，对过去兜底扶贫的研究依然有价值、有意义。习近平总书记深刻指出：“民政工作关系民生、连着民心，是社会建设的兜底性、基础性工作。”本书是对重庆市武陵山片区民政兜底历史的回顾性研究，因而保留了当时当地精准扶贫时期的许多政策和数据。本书的研究主题是重庆市武陵山片区民政兜底政策，主要内容是精准扶贫时期重庆市在武陵山片区民政兜底中的政策实践，是对过去民政兜底政策的一个回顾、总结与反思。其研究内容是回顾重庆市武陵山片区兜底扶贫的政策实践，呈现重庆市武陵山片区兜底扶贫的辉煌历史和伟大成就，有助于弘扬艰苦奋斗、追求美好幸福生活的时代精神，为乡村振兴提供政策实践经验和精神推动力量。

本研究项目立项后，项目负责人多次召集项目组成员，深入开展学术沟通与交流，制定调研计划，撰写调研提纲，商议研究主题。随后，项目组成员不顾舟车劳顿，深入贫困一线，切身了解和感受兜底人口的生存状况，搜集了大量一手资料，形成了丰富的访谈报告。然而，在项目进行中，研究团

① 习近平. 在全国脱贫攻坚总结表彰大会上的讲话［N］. 人民日报，2021－02－26（002）.

队中的主要负责人和撰稿人出现了岗位变动、读博升学，从而导致实地调研、研究进度暂时停止。在主创人员适应和融入新的工作、学习环境，以及新的科研团队之后，又将该项目重新提上研究日程。经过一年的不懈努力，该研究成果终于在 2021 年付梓。本研究成果面市时间明显滞后于计划，敬请读者理解。

前　言

自党的十八大以来，中国组织实施了人类历史上规模最大、力度最强、惠及人口最多的脱贫攻坚战。2013年11月，习近平总书记在湖南湘西考察时首次作出了“实事求是、因地制宜、分类指导、精准扶贫”的重要指示，“精准扶贫”的重要思想由此诞生。2014年1月，中共中央办公厅详细规制了精准扶贫工作模式的顶层设计，推动了“精准扶贫”思想落地。2014年3月，习近平总书记在参加两会代表团审议时强调，要实施精准扶贫，瞄准扶贫对象，进行重点施策，进一步阐释了精准扶贫理念。2015年1月，习近平总书记新年首个调研地点选择了云南，总书记强调坚决打好扶贫开发攻坚战，加快民族地区经济社会发展。5个月后，总书记又来到贵州省，强调要科学谋划好“十三五”时期扶贫开发工作，确保贫困人口到2020年如期脱贫。2015年底，中共中央、国务院发布《关于打赢脱贫攻坚战的决定》，提出精准扶贫战略，目标是“到2020年实现现行标准下农村贫困人口全部脱贫”。2017年10月18日，习近平总书记在十九大报告中指出，要动员全党全国全社会力量，坚持精准扶贫、精准脱贫，坚持大扶贫格局，注重扶贫同扶志、扶智相结合，深入实施东西部扶贫协作，重点攻克深度贫困地区脱贫任务，确保到2020年我国现行标准下农村贫困人口实现脱贫，贫困县全部摘帽，解决区域性整体贫困，做到脱真贫、真脱贫。2021年2月25日，全国脱贫攻坚总结表彰大会在北京人民大会堂隆重举行，中共中央总书记、国家主席、中央军委主席习近平庄严宣布：中国脱贫攻坚战取得了全面胜利，完成了消除绝对贫困的艰巨任务。

2020年10月9日，党的十九届五中全会审议通过的《中共中央关于制定国民经济和社会发展第十四个五年规划和二〇三五年远景目标的建议》，对新发展阶段优先发展农业农村、全面推进乡村振兴作出总体部署，为做好当前和今后一个时期“三农”工作指明了方向。2021 年 1 月 4 日，中共中央、国务院发布的《关于全面推进乡村振兴，加快农业农村现代化的意见》提出，实现巩固拓展脱贫攻坚成果同乡村振兴有效衔接，加强农村低收入人口常态化帮扶。在 2022 年 1 月 9 日召开的中央农村工作会议上，习近平总书记强调，乡村振兴的前提是巩固脱贫攻坚成果，要持续抓紧抓好，让脱贫群众生活更上一层楼。打赢脱贫攻坚战，全面建成小康社会，为促进共同富裕创造良好条件。现在，已经到了扎实推进共同富裕的历史阶段，必须把促进全体人民共同富裕作为为人民谋幸福的着力点。

兜底对象是脱贫攻坚、乡村振兴和实现全民共同富裕过程中最难啃但又必须啃的“硬骨头”。民政兜底是解决由身体、心理、精神、社会等多方面因素导致自身不具备生存能力、处于最贫困境地的人口的生存型民生问题，不断满足他们从“有没有”向“好不好”转变的多层次多样化需求。习近平总书记指出，政府不能什么都包，重点是加强基础性、普惠性、兜底性民生保障建设。即使将来发展水平更高、财力更雄厚了，也不能提过高的目标，搞过头的保障，坚决防止落入“福利主义”养懒汉的陷阱。低收入群体是促进共同富裕的重点帮扶保障人群。要加大普惠性人力资本投入，有效减轻困难家庭教育负担，提高低收入群众子女受教育水平。完善兜底救助体系，加快缩小社会救助的城乡标准差异，逐步提高城乡最低生活保障水平，兜住基本生活底线。脱贫攻坚政策体系和工作机制同乡村振兴有效衔接、平稳过渡，巩固拓展脱贫攻坚成果，对易返贫致贫人口要加强监测，及早干预，对脱贫县要扶上马送一程，确保不发生规模性返贫和新的致贫。开展农村低收入人口动态监测，实行分层分类帮扶。对有劳动能力的农村低收入人口，坚持开发式帮扶，帮助其提高内生发展能力，发展产业、参与就业，依靠双手勤劳致富。对脱贫人口中丧失劳动能力且无法通过产业就业获得稳定收入的人口，以现有社会保障体系为基础，按规定纳入农村低保或特困人员救助供养范围，并按困难类型及时给予专项救助、临时救助。

武陵山片区是跨省交界面积大，少数民族聚集多，贫困人口分布广，集革命老区、民族地区、贫困地区于一体的国家级连片特困地区。重庆市黔江区、酉阳土家族苗族自治县、秀山土家族苗族自治县、彭水苗族土家族自治县、武隆区、石柱土家族自治县、丰都县7个区县位于武陵山片区，是重庆市精准扶贫、精准脱贫的主阵地，是重庆市巩固脱贫攻坚成果、实现乡村振兴和共同富裕的主战场之一。回顾重庆市武陵山片区扶贫事业取得的突出成就，地区经济稳步发展，贫困人口不断减少，公共服务、社会保障水平逐步提高，生活状况明显改善。在重庆市武陵山片区兜底扶贫政策实践中，充分结合和发挥了渝东南特有的生态环境、民族文化、山川河流和田园风光等资源优势，探索出了一条能“扶到点上、根上”的扶贫开发新道路，扶贫开发模式实现了由单一向多元的转变，扶贫资金使用实现了由“大水漫灌”向“滴灌”的转变。

回顾过去对扶贫攻坚的相关研究，主要集中在跨区域跨省份协同脱贫、贫困人口的生计关怀、脱贫的国际经验介绍、贫困的生成机制以及扶贫攻坚面临的挑战与政策建议等方面，对扶贫政策，尤其是兜底扶贫政策的回顾、总结、反思较少。《民政兜底政策实践对乡村振兴的启示——基于重庆武陵山片区的研究》是2016年度重庆武陵山片区扶贫开发协同创新中心重大委托项目（批准项目：XTCX01）的结题相关成果。为了回顾重庆市武陵山片区兜底政策实施情况，项目组在对兜底对象概念进行诠释以及对国内兜底对象研究的相关学术成果梳理的基础上，进入重庆市渝东南地区，深入兜底户家庭，运用座谈会、深度访谈、现场观察等手段，实地收集数据和材料，全面分析和总结重庆市渝东南片区兜底对象的特征，充分了解政府兜底政策的具体内容和实施过程，总结和归纳兜底政策的历史经验。对民政兜底政策的研究，有助于进一步完善社会救助制度，强化兜底保障，探索构建“弱有所扶”大救助体系，让困难群众更多更及时更公平地分享改革发展成果；切实发挥好民政在基本民生保障、基层社会治理和基本社会服务方面的职能作用；有助于推动共同富裕，建构体现效率、促进公平的收入分配体系。

目　　录

第一章　研究背景

第一节　研究缘起与研究意义

一、研究缘起

2014年3月13日，国务院总理李克强在人民大会堂与采访十二届全国人大二次会议的中外记者见面，首次提出民生问题应该保基本、兜底线、促公平。之后进一步介绍兜底线是对我们基本保障之外，因病、因灾等特殊原因基本保障兜不住，陷入生活窘境的群众，还要进行社会救助。2014年5月1日我国颁布《社会救助暂行办法》，形成8+1社会救助格局，包括最低生活保障、特困人员供养、受灾人员救助、医疗救助、教育救助、住房救助、就业救助、临时救助、社会力量参与。2014年9月17日，李克强主持召开国务院常务会议，决定全面建立临时救助制度，帮助群众应对突发性、紧迫性、临时性生活困难，给予应急、过渡性救助，做到兜底线、救急难，填补社会救助体系“缺项”，织密织好社会保障安全网。

2015年11月28日，习近平在中央扶贫开发工作会议上强调，要解决好“怎么扶”的问题，按照贫困地区和贫困人口的具体情况，实施“五个一批”工程①。其中要求对贫困人口中完全或部分丧失劳动能力的人，由社

① “五个一批”的具体内容是：发展生产脱贫一批，易地搬迁脱贫一批，生态补偿脱贫一批，发展教育脱贫一批，社会保障兜底一批。

会保障来兜底，统筹协调农村扶贫标准和农村低保标准，实行社会保障兜底一批。

兜底保障贫困人口是社会保障制度中最低层次保障的对象，是社会最后一道安全网必须关注和保障的对象。其基本的理念和理论基础源于对社会保障制度的总体研究和认识，因此有必要对社会保障制度的研究有一个大致的了解。

社会保障是社会向社会成员提供基本的生活保障。英国是最先实行社会保障制度的国家。1942 年，以威廉·贝弗里奇为首的调查委员会提出《社会保险及有关服务》的报告，即著名的“贝弗里奇报告”。至此，开启了西方国家从摇篮到坟墓的社会保障体系建设（陈良谨，1990）。美国是最早实现系统的社会保障法律制度的国家（赵振华，2004）。在美国卫生和人类服务部社会保障总署出版的《1981 年世界社会保障制度》一书中，把社会保障分为老年、伤残、死亡、疾病与生育、工伤、失业、家属津贴（魏新武，张建新，1985）。世界各国的社会保障政策经历了从被动到积极、从单一到系统的演变（陈宁，2011）。

国外社会保障日渐呈现出加强对最弱势特殊群体的保障的发展趋势。从 20 世纪 40 年代开始西方国家便开始不断完善社会救助制度，总体上形成了福利型、补救型、公助型和普遍型四种模式，并形成了较为完备的社会救助体系。各国通过不同形式实施社会救助政策：英国通过“生活补贴”形式；德国针对不同的情况实行专门救助项目；美国实行特困人员收入补助、抚养子女补助、食品券、医疗补助等政策；日本实行生活救助、住宅救助、医疗救助、教育救助、谋生救助、分娩救助、安葬救助等政策（林莉红，孔繁华，2008；申学锋，2009）。

在我国，社会保障是一个由诸多内容构成的综合体系。其基本内容主要包括社会保险、社会救济、社会福利、社会优抚四个方面。社会救助是整个社会保障体系的基石，是社会保障体系最基础的制度安排，构成了对社会保险无法保障或保障后家庭收入仍然低于最低生活标准的贫困群体的一种兜底保障（谷红彬，2013），而兜底保障人口便是我们社会救济最重要的对象。在现实环境中，民政兜底的实施办法，因地区不同而有所差异。一般而言，低保和五保户属于优先考虑的对象，各地根据当地的社会救助发展水平，会纳入不同的兜底对象，如孤儿、受灾人员等。

1. 对救济制度的研究。目前在关于建立系统的救济制度的必要性上没有什么争议，学者的观点比较统一。唐钧（2004）从历史的视角对我国救济制度进行了全面的研究，他认为我国救济制度变化最大的是救助理念从“救急、控制”到“权利”的变化。特别是在将反贫困作为国家战略的大背景下，学界意识到要想解决目前2000万个无力自我脱贫对象的脱贫问题，社会救助具有重要的意义（郑功成，2007；蔡昉，2004；李迎生，2006）。随着国民经济发展和以人为本的社会建设（彭华民，2015）理念的确立，救助制度不断完善和推进。但也存在救助理念消极、救助方式落后、救助标准偏低、救助范围狭窄、救助内容单一、救助主体薄弱、救助效率不高等问题（谢勇才、丁建丁，2015）。因此，有学者提出法制化是我国救济制度的路径选择（王珂瑾，2012；谢增毅，2014），也需要建立有效的社会救助与物价上涨的联动机制，并需要引入“适度普惠”的理念（唐钧，2013），朝着更加积极的社会救助制度（关信平，2014）发展。

2. 对特殊兜底对象救济的研究。由于农民工遭遇社会风险的可能性比较高，抵御风险的能力比较低，因此应该加大对农民工的社会救助，针对其特殊性制定专项的社会救助政策（徐增阳、付守芳，2011）。由于计划生育政策而产生的失独家庭，越来越受到社会和国家的重视，有学者提出应该对这类特殊群体建立专门的支持帮助机制（黄建，2013；谢勇才等，2013）。

3. 对提高兜底对象救济效果的研究。为提高民政兜底救济的有效性，有学者认为应通过个案管理（高灵芝、杨洪斌，2010）、社会工作（杨荣，2014）等方式加强对兜底保障贫困人口的帮助。

综上所述，国外对兜底保障人口的研究和实践起步较早，成果较丰富，国内研究虽然取得了较大的进步，但还需要完善和提升，主要表现在：一是研究视角更多是宏大的社会政策架构，微观的特征分析和描述较少；二是由于兜底的概念出现的时间不久，因此专门针对兜底对象的研究不多；三是对兜底保障贫困人口的特征研究更多只停留于讨论层面，没有对兜底对象进行更加深入的调查分析。

二、研究意义

民政兜底是社会保障制度中最低层次的保障，是社会救助的最后一道安全网。加强兜底对象的社会保障和社会救助，有利于填补社会救助体系“缺项”，确保全民共享改革开放成果，是全面建成小康社会应有之义。对于西部地区兜底对象数量庞大、分布复杂、救助难度大等问题，要整合政府和社会力量，按照“实事求是、因地制宜、分类指导、精准扶贫”的工作要求，探索构建有效的兜底对象社会保障体系，确保社会救助和扶贫工作取得实效。开展重庆市武陵山片区兜底保障贫困人口特征分析及政策研究具有重要的意义，无论是从理论需要、实践需要还是创新需要看，重庆市武陵山片区兜底保障贫困人口特征分析及政策研究都是一个新的、很有潜力的研究领域，其研究意义具体体现在以下几个方面。

（一）理论需要

随着我国扶贫工作的进一步推进，对于民政兜底的重视不断加大，然而，民政兜底作为新兴的术语，词语的内涵和外延都处在不断的发展过程当中。关于民政兜底的政策也处于不断探索之中，如何把握其特点，更大程度地发挥其作用，推进扶贫与乡村振兴事业更快更好地发展，将是研究重点所在。这要求我们进一步对其中规律性的东西有所认知，并进行升华和提炼，为我国的减贫理论发展作出贡献，并为我国的减贫工作提供理论支撑。

（二）实践需要

本书在文献研究和实地调查基础上对兜底对象的人口特征、需求，政策现状、问题进行深入研究，并提出解决方案；对改善兜底保障人口的生活现状、完善国家政策、实现全面建成小康社会目标具有重要的现实意义。

（三）创新需要

民政兜底解决的是中国大量由身体、心理、社会等多方面因素导致自身不能发展或者发展严重受限，依然处在社会最贫困境地人口的生存问题。这是全民迈向小康社会必须要解决的问题。但是民政兜底实践至今，其效果仍有待提升，仍然存在着一些亟须破解的难题，如民政兜底的长效性、民政兜底的规范性、民政兜底的专业性等问题都需要进一步探讨。民政兜底机制亟须创新发展，才能更好满足当前巩固扶贫成果与乡村的振兴相衔接、全民共同富裕的新形势。开展民政兜底政策研究，一方面填补了过去民政兜底理论研究的空白，另一方面也是对减贫工作认识的深化和突破。

第二节 研究目标与主要内容

一、研究目标

本书通过研究兜底保障贫困人口，力争达到理论和实践上两大目标。

1. 理论目标。通过梳理国内外兜底保障的相关理论，结合实地调研资料，构建顺应时代要求、适合我国贫困现状的民政兜底综合理论体系，推动民政兜底研究的理论创新。

2. 实践目标。通过理论研究和实证研究，总结我国民政兜底政策的经验，发现其中的问题，完善民政兜底政策，探索民政兜底的创新模式，为推进扶贫成果巩固和乡村振兴战略实施提供理论依据。

二、研究思路

本书的基本思路：在对兜底对象概念进行诠释以及国内外兜底对象研究综述的基础上，进入重庆市武陵山片区，深入兜底户家庭，实地收集数据和材料，全面分析和总结重庆市武陵山片区兜底对象的特征，并在充分了解政府兜底政策的同时，对兜底对象进行分类研究，从国际经验出发，结合重庆市武陵山片区兜底对象实际，尝试为提高兜底对象的生活质量、生存环境提出建议。

本书内容主要分为以下五个方面。

第一章：研究背景。内容包括研究缘起与研究意义、研究目标与主要内容、民政兜底政策的理论支撑以及研究方法、研究资料来源和研究计划等。

第二章：重庆市武陵山片区兜底对象的人口学分析。从地域层面和个人层面分别就兜底对象的生存现状进行简要分析。在此基础上，总结出重庆市武陵山片区兜底对象的特征，进而分析兜底对象致贫致困的原因。

第三章：重庆市武陵山片区民政兜底的政策实践。重庆市有 7 个区县位于武陵山片区，本章着重对这 7 个区县的民政兜底政策进行汇总和展示。通过对各区县民政兜底政策的总结梳理，阐述重庆市武陵山片区民政兜底的政策特点。

第四章：重庆市武陵山片区兜底政策存在的问题与启示。重庆市武陵山片区兜底政策在具体的实施过程中，面临着自然环境、社会保障、经济发展、教育文化、医疗卫生、基础设施等方面的问题和挑战。为此，我们得出了精准识别兜底对象，充分发挥社会救助的关键作用；改变扶贫工作中的传统贫困思想和观念；建立监督与考核制度，使其常态化、制度化；支持和鼓励民间扶贫组织的培育等启示。

第五章：乡村振兴背景下民政兜底的思考。虽然现阶段我们已经摆脱了绝对贫困的困扰，然而针对无劳动能力、体弱多病对象的社会救助和帮扶却是一个持续不断的过程。为此，在新形势下我们要做到：民政兜底对象的分类识别、跟踪与回访；设立临时救助和专项救助体系；让乡村振兴的成果惠及民政兜底对象；完善社会保险计划，阻止脱贫户再次返贫的可能性；减少民政兜底对象形成对救助的依赖心理。

三、概念界定

习近平在 2015 年中央扶贫开发工作会议上强调，要解决好“怎么扶”

的问题，按照贫困地区和贫困人口的具体情况，实施“五个一批”工程。其中，“社会保障兜底一批”是对贫困人口中完全或部分丧失劳动能力的人，由社会保障来兜底，统筹协调农村扶贫标准和农村低保标准，加大其他形式的社会救助力度。加强医疗保险和医疗救助，新型农村合作医疗和大病保险政策对贫困人口倾斜。高度重视革命老区脱贫攻坚工作。本书所讲的兜底保障人口指的是贫困人口中完全或部分丧失劳动能力的，需要由社会保障来兜底的这一群人，为这部分群体实施低保政策，保障其基本生活，保障他们不愁吃、不愁穿。

第三节　民政兜底政策调查的理论支撑

在进行重庆市武陵山片区民政兜底政策调查之前，首先要明确是什么导致了贫困，贫困的原因是什么，然后探讨兜底保障对象的需求。

一、交换权利

交换权利是分析贫困与饥荒形成的重要方法。所谓交换权利指的是，在市场经济中，一个人将自己所拥有的商品转换为另一种商品的能力。这种转换可以通过生产、交易或两者的结合来实现。阿马蒂亚·森认为，决定一个人交换权利的因素主要有五个方面：第一，他是否可以找到一份工作，工作时间和收入如何；第二，他出售他的非劳动所得资产能够得到多少收入，支付他需要的东西花费多少；第三，用他自己的劳动力以及所掌握的资源能够生产什么；第四，购买资源的成本是多少，他出售商品的价值是多少；第五，他所拥有的社会保障和福利等。① 造成贫困和饥荒的原因不是食物短缺，而是个人交换权利下降。也就是说，“一个人支配粮食的能力或他支配任何一种他希望得到或拥有的东西的能力，都取决于他在社会中所有权和使

① ［印］阿马蒂亚·森. 贫困与饥荒［M］. 王宇，王文玉，译. 北京：商务印书馆，2011：5.

用权的权利关系。而这些权利关系则取决于他拥有什么？交换机会能够给他提供什么？社会可以免费给他什么？以及他由此丧失什么？”[①]

身体变化、经济环境变化、社会保障变化以及突发灾害和变故都会影响到一个人的生存能力、就业机会等，从而导致其交换权利的恶化，进而导致赤贫和饥荒。“交换权利不仅仅依赖于市场交换，而且还依赖于国家所提供的社会保障。”[②] 民政兜底对象正是因为身体残疾、精神异常以及生活变故等使其交换权利下降，导致难以自食其力，需要通过国家社会保障和社会救助将其“兜起来”，以保证他们的基本生活。

二、贫困文化理论

美国人类学家刘易斯在其《五个家庭：墨西哥贫穷文化案例研究》（1959）一书中首次提出了贫困文化理论。随后，刘易斯又在其人类学经典著作《桑切斯的孩子们》（1961）的“序言”中对贫穷文化展开了进一步的阐释：贫穷不仅只是经济上一无所有、一贫如洗及结构上的松散和无组织，它还是一种生活方式和亚文化，并可以在代际之间传播和遗存。他认为，导致贫困者贫困的原因是其所拥有的贫困文化。贫困文化是指贫困阶层在社会生活中慢慢养成的一套“病态”的价值信仰体系，他们对经济繁荣缺乏兴趣，得过且过，对上层社会不抱有希望，生活没有上进心，逐渐地，他们形成了与主流社会、主流价值观相悖的亚文化生活方式。[③] 首先，贫困文化是一种与主流文化不兼容并且处于边缘状态的亚文化，在贫困文化中人们有一种强烈的宿命感、无助感和自卑感，不能在广泛的社会文化背景中认识自己的困难。其次，贫困文化具有继承性和传播性，对后代和周围的人产生影响，使贫困得以维持和繁衍。贫困人口长期生活在贫困的状态中，不断接受贫困文化的影响，使他们形成了贫困人口特有的文化观念，然后通过对下一

---

① ［印］阿马蒂亚·森．贫困与饥荒［M］．王宇，王文玉，译．北京：商务印书馆，2011：183.

② ［印］阿马蒂亚·森．贫困与饥荒［M］．王宇，王文玉，译．北京：商务印书馆，2011：5.

③ ［美］奥斯卡·刘易斯．桑切斯的孩子们：一个墨西哥家庭的自传［M］．李雪顺，译．上海：上海译文出版社，2014.

代子女的教育，完成贫困文化的代际继承，从而导致贫困人口世世代代难以脱离贫困的怪圈。同时，文化具有传播的功能，贫困文化在贫困人口的人际交往和互动过程中得以传播，或者说为了维持自己的亚文化，贫困人口会有意识扩大自己的观念，即贫困文化的影响力，让更多的人接受他们特有的文化，对周围的人形成影响。

“一个人如果相信贫困文化的理念，那么就会想出一个策略来阻止这种贫困阶级文化价值代代相传。这种策略必须尝试去阻止青少年儿童的某些社会化趋势，如不稳定的家庭环境、缺乏动力、犯罪和不良行为或其他。”①扶贫的关键在于改造贫困文化，只有帮助穷人摆脱贫困文化的束缚，才能使他们真正地融入主流社会中，分享主流社会发展带来的红利。

三、“环境贫困陷阱”理论

环境与贫困相互关联：贫困导致了环境恶化，而环境恶化又进一步加剧了贫困。贫困联盟（PA）专家克伦（Dianna Killen）和可持续发展研究所（SDPI）的汉（Shaheed Rafi Khan）认为，自然灾害对人们生活的冲击以及自然条件和自然资源的匮乏也是导致一定区域内民众贫困的重要原因。挪威学者汉森进一步发展和加深了对环境与贫困的相互关系的理解，他认为导致贫困现象产生的原因是自然环境和社会环境中的残缺或落后，这种观点在具体解释时，又可以分为两大类型：发展要素残缺论和贫困处境论。发展要素主要包括资本、自然资源以及科技水平等，在解释区域性贫困时经常用不同区域发展要素的比较来阐述导致贫困的原因。贫困处境论认为，被视为贫困文化的行为与态度都是贫困者对社会处境的直接反应，环境的改善会导致这种价值观念的变化。这种理论指导下的扶贫观认为，扶贫应该从改造贫困者的社会处境入手。②

① ［美］迪尼托．社会福利：政治与公共政策（第五版）［M］．何敬，葛其伟，译．北京：中国人民大学出版社，2007：86.

② 祁毓，卢洪友．“环境贫困陷阱”发生机理与中国环境拐点［J］．中国人口·资源与环境，2015，25（10）：71－78.

四、人的需要理论

马斯洛对人的需要进行了系统的研究，并于 1943 年在《人类动机理论》一文中提出了人类需要五层次理论。第一，生理需要。生理需要是人对食物、水分、空气、睡眠、性等的需要，它是人的所有需要中最基本、最原始，也是最强有力的需要，是其他一切需要产生的基础。第二，安全需要。安全需要是指希求受保护与免遭威胁从而获得安全感的需要。人在生理需要相对满足的情况下，就会出现安全需要。人们希望得到较稳定的职位，愿意参加各种保险，都表现为他们的安全需要。第三，归属与爱的需要。归属与爱的需要，也称社交需要，是指每个人都有被他人或群体接纳、爱护、关注、鼓励及支持的需要。它是更高一级的需要，包括被人爱与热爱他人，保持友谊，被团体接受等。第四，尊重需要。尊重需要是在生理、安全、归属与爱的需要得到满足后产生的对自己社会价值追求的需要，包括自尊和受到别人的尊重两个方面。这种需要得到满足后，就会感受到自信、价值和能力，否则就会产生自卑或保护性反抗。第五，自我实现需要。它是最高层次的需要，是个体的各种才能和潜能在适宜的社会环境中得到了充分发挥，实现了个人的理想和抱负，并且达到个性充分发展和人格的和谐。自我实现是一种创造性的需要。

马斯洛将五层次需要分为两大类，一类是基本需要，又称匮乏性需要，是个体不可或缺的普遍的生理和社会的需求。这类需要既与人的本能、健康状况相联系，也与一个人的社会要求有关，包括生理需要、安全需要、归属与爱的需要以及尊重需要。另一类是成长性需要，又称衍生需求，是个体自身的成长和自我实现趋向所激励的需求，它不受本能的支配，不受人的直接欲念左右，以发挥自我激励的潜能，当这些需要达到满足时会使人产生愉悦的快乐。个体具有复杂的多层次需要组合，基本的具体需要位于下层，抽象的精神需要位于上层，五种需要以一种渐进的层次表达出来，即必须先满足最基本、最底层的需要，接下来才能满足另外一些高级的需要，也就是个体总是先满足低层次的需要，然后才关注较高层次的需要。

英国学者莱恩·多亚尔和尹恩·高夫认为，个人有权利最大限度地满足人的基本需要，衡量所有人类解放的标准应该是评估这种满足的程度，所以必须建立一套连贯的、严密的人类需要理论。[①] 他们区分了“需要”和“想要”的区别。需要在本质上是公共的、无意图的，它能够避免和帮助个人摆脱伤害。而想要是有意图的，其参照系是不透明的，它们的真实性依赖于“生活经历者如何看待世界”和“我的思想作用”。他们认为，健康和自主是人的基本需要。“由于身体的存活和个人自主是任何文化中、任何个人行为的前提条件，所以它们构成了最基本的人类需要——这些需要必须在一定程度上得到满足，行为者才能有效地参与他们的生活方式，以实现任何有价值的目标。”[②]

对于农村五保户、农村无劳动力者、残疾人、因病致贫重病患者、孤儿、三无人员等民政兜底对象，他们因为种种原因失去了自主生活的能力，无法通过自身的努力和资源满足生存、健康的需要。对于他们来说，所面临的最现实、最紧迫的需求是吃、穿、住等最基本的生存保障问题。也就是说，界定民政兜底对象的一种方法是将其看作是一种匮乏，即相对于基本生活标准而言，民政兜底对象在食物、住房、衣服、医疗和其他方面存在不足。

第四节 民政兜底政策的研究方法

在开展重庆市武陵山片区兜底扶贫政策研究中，我们主要采用了观察法、非结构访问法、文献法和问卷调查。

一、观察法

在实际的调查研究过程中，很多研究者都会用到观察法。从观察者的角

① ［英］莱恩·多亚尔，尹恩·高夫．人的需要理论［M］．汪淳波，张宝莹，译．北京：商务印书馆，2008：7.

② ［英］莱恩·多亚尔，尹恩·高夫．人的需要理论［M］．汪淳波，张宝莹，译．北京：商务印书馆，2008：69－70.

度划分，可以将观察法分为局外观察法和参与式观察法。局外观察法指的是观察者或研究者置身研究对象生活之外，在不打扰研究对象正常生产、生活的情况下进行观察，在局外观察的过程中，被观察者不知道自己处于观察之中，也没有发现调查者或研究者。观察者处于一个隐蔽的、不易被发现的情境下进行观察，这样收集到的资料真实、客观。参与式观察法是指观察者有意识地融入到观察对象的生活、生产过程当中，甚至是与观察对象同吃同住，这种方法认为只有参与到研究对象的生活和生产中，才能真实地体会到研究对象所面临的处境和生活环境，切身体会到研究对象的行为、态度和观念。在此次调查中，因为重庆市武陵山片区包括的区县较多，而县与县之间、区与区之间的连接多是山路，坎坷难行，实地调研和观察花费的时间较多。为了节省调研时间，针对实际情况，我们主要采用的是参与式观察的方法，融入和参与到贫困农户的生活和生产中，切身感受贫困给他们的生活和生产带来的影响。

二、非结构式访谈法

访谈法是社会学研究中最重要的方法之一，是搜集资料最常用到的方法。访谈法分为结构式访谈法和非结构式访谈法。结构式访谈法指的是对访谈的过程进行高度严格的控制，采用概率抽样的方法选取访谈对象，对所有访谈对象提出的问题、提问的方式和次序以及记录方式必须保持完全的一致，同时，在访谈的整个过程中，调查员必须按照问卷上的问题发问，不能随意对问题作出解释，当被调查者表示不明白时，只能重复一遍或者是按统一的口径进行解释。相对于结构式访谈法，非结构式访谈法要灵活方便得多，非结构式访谈法是一种半控制或者是无控制的访谈方法，它事先不去设定问卷、表格和提问的标准程序，只给调查者一个或几个题目，由调查者和被调查者针对给出的题目进行自由交谈，调查对象可以随意地畅谈自己的观点和想法，而无须顾及调查者的需要。非结构式访谈法也需要一个粗线条的问题大纲或几个要点，但是所提的问题是在访谈的过程中不断形成和完善的。由于一些贫困户文化水平有限，有的甚至不认识字，理解能力较弱，所以对贫困户的调查不能采取结构式的访谈形式，而是采用更加灵活的非结构式访谈形式。重庆市武陵山片区民政兜底需求调查针对不同的调查对象，从民政兜底的主体、政府部门相关工作人员、村主任或村支书、贫困农户四个层面制定非结构式访谈要点。

三、文献法

所谓的文献法是指与我们的研究主题和方向相同或一致的任何的信息形式。在此次重庆市武陵山片区民政兜底扶贫政策研究中，我们主要搜集的文献资料包括报刊、官方统计资料、官方扶贫开发网站文件以及相关的学术论文等。报刊包括网上的新闻报道，是文献中用的比较多的资料之一。报刊或者说新闻报道会及时地传递相关的信息，引起群众的关注，并且附带新闻评论，有助于对现象的深入理解。官方统计资料主要是来自“国家统计部门、各级政府部门、各级专业机构编制的月统计报表、年统计图表、年统计报告，等等”[①]，这些统计数据比较客观、准确地反映了一个国家或一个地区的状况，对科学研究和调查具有重要的参考和借鉴意义。官方扶贫开发网站也是我们此次调查研究的一个非常重要的资料来源，进入重庆市武陵山片区所有区县的扶贫开发网站，比较容易和便捷地了解到区县的扶贫开发政策与措施。相关的学术论文是研究过程中第二手资料的重要来源，查阅统一研究领域或同一研究方向的学术论文和学术成果，有助于我们了解当前该领域研究的学术前沿，获得丰富的研究数据和资料，在本研究中，我们主要查阅了重庆市武陵山片区各区县扶贫开发方案、扶贫脱贫实施计划、与贫困有关的学术论文和专著等。

四、问卷调查法

问卷调查法是现代社会研究中最常用的调查方法之一，它在田野调查中

① 袁方．社会研究方法教程（重排版）[M]．北京：北京大学出版社，2016：297.

应用十分广泛。对于相关部门工作人员的问卷调查开展得比较顺利，因为他们长期处于攻坚扶贫的第一线，而且知识文化水平较高，针对这部分人群，我们所采用的是自填问卷。然而，需要特别指出的是，本研究主要的研究对象普遍文化水平较低、年龄偏大，所以在进行相关问题的问卷调查时，我们采用的是访问问卷，即“调查者问，研究对象答”的直接面对面的问答方式，帮助研究对象将答案书写在调查问卷上。根据前期的文献资料和访谈获得的第一手资料，结合研究的需要和现实条件，设计针对民政兜底对象的调查问卷，运用多阶段抽样的方法选取被调查者，掌握系统准确的定量资料，并对数据进行统计分析。

第五节 研究实施

一、调查对象选择

项目初定选取位于重庆市武陵山片区的丰都县、石柱土家苗族自治县、秀山土家苗族自治县、酉阳土家苗族自治县、彭水土家苗族自治县、黔江区、武隆区 7 个贫困区县为调查对象。

（一）问卷调查对象

问卷调查对象分为社会扶贫的主体、当地各部门工作人员以及贫困农户，完成调查问卷 280 份。

（1）调研贫困区县从事扶贫工作的工作人员：一是在贫困区县党委、政府及发改委、扶贫办、财政、规划、国土资源、民政、交通、水利、农业、林业等部门开展民政扶贫工作的相关工作人员。每个部门选取 1 人作为问卷调查对象，每个区县完成调查问卷 12 份，7 区县累计完成调查问卷 84 份。二是调研村庄的村主任或村支书，每村选取 4 人作为调查对象，每区县完成问卷 8 份，7 区县累计完成调查问卷 56 份。本部分调查对象总计完成问卷 140 份。

（2）调研贫困区县的贫困农户。根据随机抽样的方法，先在调研贫困区县选取两个贫困村，然后根据非随机抽样的方法，在贫困村选取贫困程度不同的贫困农户进行问卷调查。每个村选取 10 人作为走访对象，每区县完成实地走访 20 人，7 区县累计完成实地走访 140 人。

（二）访谈对象

访谈对象从问卷调查和实地走访对象中产生，根据非随机抽样的方法，分别选取四类访谈对象。一是从每个贫困区县选取 2 名参与民政兜底工作的主体，7 区县累计完成 14 份对民政兜底工作主体的访谈；二是从每个贫困区县选取 2 名从事扶贫开发的工作人员，7 区县累计完成对当地工作人员的访谈 14 份；三是对调研的村庄村主任或村书记进行访谈，每区县 2 名，7 区县累计完成访谈 14 份；四是从每个贫困村选取 1 名贫困农户进行访谈，每区县共选取 2 名贫困农户，7 区县累计完成贫困农户访谈 14 份。总计完成访谈 56 份。

二、时间安排

时间安排如表 1－1 所示。

表 1－1　　研究时间

任务	时间安排	主要内容
1. 确定方案	2016. 5. 1～5. 30	提出初步方案，并组织专家对方案进行研讨，完善研究框架
2. 任务分工	2016. 6. 1～7. 5	选定调研人员，明确研究过程中各参与人员的责任、写作要求、预期目标等
3. 文献收集	2016. 7. 5～11. 20	开展翔实的文献研究，为下一步研究工作打下基础

续表

任务	时间安排	主要内容
4. 问卷设计	2016. 11. 20 ~ 12. 20	设计《民政兜底调查问卷》《民政兜底访谈提纲》《民政兜底资料收集清单》；试调查及调查工具的修改完善
5. 组织实施	2017. 7. 20 ~ 8. 10	调研人员培训；召集 8 个贫困区县参与民政兜底的相关工作人员代表座谈；完成调查问卷；收集各地民政兜底相关资料；对相关工作人员和贫困户进行深度访谈
6. 报告撰写	2017. 8. 10 ~ 9. 30	整理访谈录音；问卷录入；资料审核归类；资料处理；报告撰写
7. 报告修改	2017. 9. 30 ~ 10. 5	召开交流会，征求专家意见
8. 提交定稿	2017. 10. 5 ~ 2017. 10. 10	完成报告初稿；召开讨论会；完成报告修改；提交最终报告
9. 报告出版	2018. 4. 10 ~ 2022. 3	出版研究报告

第六节　研究资料来源

重庆市武陵山片区民政兜底对象的人口特征及其政策是本次研究的核心，主要研究区域在重庆市武陵山片区，包括黔江区、酉阳土家族苗族自治县、秀山土家族苗族自治县、彭水苗族土家族自治县、武隆区、石柱土家族自治县、丰都县。本次调查在各区县中随机选取 2 个乡（镇），每个乡（镇）选取 2 个行政村，共计 28 个行政村，调查问卷 300 多份，深度访谈 100 余人。重庆市武陵山片区民政兜底对象的人口特征及政策研究的主要资料获取主要源于以下方面：

1. 文件资料，调查获得的政府工作报告、统计年鉴、地方志、扶贫开发日志、部门汇报材料、调查报告、新闻报道等。

2. 问卷调查，28 个行政村的基础数据采集表和 300 份兜底对象的问卷数据。

3. 访谈记录，100 余个访谈对象，10 万字的访谈记录。

4. 实地考察资料，兜底对象生产、生活的场景。

5. 文献及网络资源（见表1－2）。

表1－2　　实地调查资料的来源情况

资料形式	呈现方式
文件资料	黔江区、酉阳土家族苗族自治县、秀山土家族苗族自治县、彭水苗族土家族自治县、武隆区、石柱土家族自治县、丰都县各区县的政府工作报告、统计年鉴、地方志、扶贫开发日志、部门汇报材料、调查报告、新闻报道等；各地扶贫办、民政局、社会救助局、住建局、社保局、教育局、残疾人联合会等涉及兜底对象的相关职能部门关于兜底对象救助、保障、帮扶的材料与数据
问卷数据	问卷主要来源于28个行政村中的兜底对象，调查者主要从具有一定回答能力的兜底对象或者了解其家庭情况的村干部中获得数据，共计300份
访谈记录	10万余字，涉及被访谈者包括区县扶贫办、民政局等相关负责人；乡镇相关负责人；村主任、书记、其他村干部；兜底对象等共计100余人
实地调查	对兜底对象的房屋、周边基础设施、家庭内景、兜底对象家庭成员、政府公示卡等进行拍照，共计1000余幅

重庆市武陵山片区民政兜底对象的人口特征及其政策研究的调查基本情况包括区域的整体状况和调查样本两个部分，具体情况如下。

一、区域状况

武陵山，位于重庆、贵州、湖北、湖南四省市境内。山脉主体位于湖南省西北部，整条山脉呈东北—西南走向，为中国第2阶梯与第3阶梯过渡带，乌江和沅江、澧水分水岭。海拔1000米左右，梵净山为武陵山的主峰，海拔2494米，在贵州省松桃苗族自治县、江口县、印江土家族苗族自治县三县交界处。位于江口县内的凤凰山为最高峰，海拔2572米。武陵山脉覆盖的地区为武陵山区。①

① 向德平，张大维．连片特困地区贫困特征减贫需求分析——基于武陵山片区8县149个村的调查［M］．北京：经济日报出版社，2016.

武陵山片区是《中国农村扶贫开发纲要（2011—2020）》中确定的连片特困地区之一，重庆市武陵山片区包括渝东南辖黔江区、武隆县、石柱土家族自治县、秀山土家族苗族自治县、酉阳土家族苗族自治县、彭水苗族土家族自治县六区县和三峡库区腹心丰都县，地处武陵山脉，系长江水系。重庆市武陵山片区辖区面积 2.27 万平方公里，占重庆市总面积的 27.55%，现有总人口 426 万人。① 武陵山片区是国家重点生态功能区与重要生物多样性保护区，武陵山绿色经济发展高地、重要生态屏障、生态民俗文化旅游带和扶贫开发示范区，重庆市少数民族集聚区。

二、样本状况

对本次调研对象中农户背景情况的描述，可以有利于我们从整体上把握调研对象。我们将主要从样本中的性别比例、年龄构成、民族成分、身体健康状况方面等指标进行测量。

第一，从性别比例来看，男性比女性多。数据显示本次调研中男性占 62.5%，女性占 37.5%。可能的原因主要有三个方面：一是受访对象中男性比女性总数更多；二是调研过程中男性更愿意接受访谈；三是女性由于自身文化限制、处理家庭琐事不太关心此类调查（见表 1－3）。

表 1－3　被访者性别调查　　单位：%

性别	有效百分比
男	62.5
女	37.5
合计	100.0

第二，从民族成分来看，大部分被访者都属于少数民族，并且以土家族

① 向德平，张大维．连片特困地区贫困特征减贫需求分析——基于武陵山片区 8 县 149 个村的调查［M］．北京：经济日报出版社，2016.

和苗族为主。主要原因是本次调查地大都是以土家族、苗族为主的少数民族地区或村落，如石柱土家族自治县、酉阳土家族苗族自治县、彭水苗族土家族自治县、秀山土家族苗族自治县，黔江区在建区以前也是黔江土家族苗族自治县。数据显示57.5%为土家族，36.0%为苗族，只有6.5%为汉族（见表1-4）。

表1-4　被访者民族类别　单位：%

民族	有效百分比
汉族	6.5
土家族	57.5
苗族	36.0
合计	100.0

第三，从政治面貌来看，本次调研对象100%为群众，没有共产党员或者其他民主党派人士。主要原因可能是：一是调查对象都是本村或小组中家庭条件最差的，而且大多都是一直延续贫穷的状态，他们要获得社会地位或者政治身份比较困难。二是由于重大疾病而进入兜底状态的人，他们的身体能力较差，获得政治身份也比较困难。

第四，从被访者受教育程度来看，整体教育水平较低。数据显示，本次调研对象中有50%未上过学，34.4%为小学文化水平（在调研中发现，所谓小学教育其实大多数并未完整参加六年的小学教育，多是只读到一二年级便辍学在家），初中学历占9.4%，高中学历占6.3%（见表1-5）。

表1-5　被访者受教育程度　单位：%

教育程度	有效百分比
未上过学	50.0
小学	34.4

续表

教育程度	有效百分比
初中	9.4
高中	6.3

第五，从被访者婚姻状况来看，56.3%的被访者为已婚，21.9%的被访者为未婚，6.2%被访者为离婚后未再婚，15.6%被访者为丧偶（见表1－6）。

表1－6　　被访者婚姻状况　　单位：%

婚姻状况	有效百分比
已婚	56.3
未婚	21.9
离婚后未再婚	6.2
丧偶	15.6
合计	100.0

第六，被访者身体健康状况。数据显示本次调研中被访对象78.2%的为身体不健全者，而各类残疾人占被访者的65.6%。从被访者身体健康状况来看只有15.6%的被访者认为自己健康，其他人都表示自己身体不太健康，其中认为很不健康、生活不能自理的人占25.0%（见表1－7）。残疾人占了不健康人员的一大部分（见表1－8）。

表1－7　　被访者身体健康状况　　单位：%

身体健康状况	有效百分比
健康	15.6
不太健康，经常生病	37.5
很不健康，但生活能自理	21.9
很不健康，生活不能自理	25.0
合计	100.0

表1-8　　被访者残疾类型　　单位：%

残疾类型	有效百分比
精神残疾	14.3
肢体残疾	47.6
听力残疾	4.8
视力残疾	9.5
多重残疾	23.8
合计	100.0

根据以上数据可以从整体上看出，本次调研对象中的被访者大都文化水平较低、身体健康状况令人担忧，这些是他们的基本特征，也是他们成为民政兜底对象的重要原因。

第二章 重庆市武陵山片区兜底对象的人口学分析

在建档立卡贫困户中，有一部分人完全丧失或部分丧失劳动能力，他们无法通过产业帮扶就业或者其他机会实现脱贫，民政等部门通过社会保障对这部分人进行兜底脱贫。兜底脱贫的主要措施是低保救助、对特困人员实施救助供养、加大临时救助落实力度等，对因突发原因导致基本生活陷入困境的农村建档立卡贫困家庭及时给予临时救助。兜底保障更精准、更有利，让所有符合兜底保障的农村建档立卡贫困人口如期实现不愁吃、不愁穿。

兜底保障对象相对于一般的贫困人口而言具有特殊性，所以在具体的扶贫脱贫实践中应该采取不同的救助策略。在探讨兜底保障对象救助政策和措施前，我们有必要对其人口学特征进行总结和阐释。在本章中，对重庆市武陵山片区兜底对象的人口学分析主要从三个方面展开，即兜底对象的生活现状、兜底对象的特点和兜底对象的致困因素。访谈对象相关资料均来自调查员访谈。

第一节 兜底保障对象的生存现状

一、地域层面

跨渝、鄂、湘、黔四省市的武陵山片区，集革命老区、民族地区和贫困地区于一体，是全国 14 个集中连片特困地区之一，是党中央、国务院率先启动区域发展与扶贫攻坚的试点区、示范区。[①] 重庆市部分区县地处武陵山片区，因其自然环境、地理位置等因素导致许多地区难以通过自身的发展摆脱贫困，特别是高山生态区，存在着一定数量的深度贫困户。从地域层面来看，重庆市武陵区片区兜底对象主要面临着医疗救助不充分、教育救助不健全、居住环境未改善等生存状况。

（一）医疗救助现状

我国医疗救助制度还不完善，贫困户对医疗救助的呼声和需求不断上升。重庆市武陵山片区医疗救助存在以下几个问题：

（1）医疗救助的范围小。医疗救助范围小主要包括两个方面：第一，医疗救助涵盖的对象少。重庆市人民政府《关于进一步完善医疗救助工作的通知》规定包括最低生活保障家庭成员、特困供养人员（含城市“三无”人员和农村五保对象、城乡孤儿和事实无人抚养困境儿童）、重点优抚对象（不含1～6级残疾军人）、城乡重度（1、2级）残疾人员、民政部门建档特殊困难人员、家庭经济困难在校大学生等低收入人员、因病致贫家庭重病患者可以享受医疗救助政策，只要符合以上七类对象条件，均可纳入医疗救助范围，享受普通疾病救助、重特大疾病救助，不是以上对象的目前还没有医疗救助政策。此外，不同地区对贫困的界定不同，导致医疗救助的对象有所差异，界定比较模糊，“导致近年来因社会结构转型出现的农民工、留守儿童、失独家庭等边缘群体被排斥在外”[②]，医疗救助的范围过小。第二，医疗救助涵盖的病种有限。医疗救助是针对大病特病、疑难杂症等规定的有限的几种病症进行报销和补助[③]，而且特殊药品和医疗器械、体检等项目不

---

① 郑友向，龚明钢．决战贫困：武陵山片区有何出路［N］．重庆政协报，2018－09－14（004）．

② 杨自根．健全弱势群体医疗救助制度的探讨［J］．卫生经济研究，2016（7）：49．

③ 特殊病种包括：肺癌、食道癌、胃癌、结肠癌、直肠癌、乳腺癌、宫颈癌、严重多器官衰竭（心、肝、肺、脑、肾）、再生障碍性贫血、终末期肾病（尿毒症）、耐多药肺结核、艾滋病机会性感染、重性精神病、血友病、肝肾移植前透析和手术后抗排异治疗、慢性粒细胞白血病、急性心肌梗塞、脑梗死、重症甲型 H1N1、Ⅰ型糖尿病、甲亢、唇腭裂 22 类疾病。救助对象范围中前五类按不低于 70% 的比例救助，其他救助对象按不低于 50% 的比例救助。年救助封顶线（含住院和门诊）不低于 10 万元。

在医疗救助的范围，住院治疗或门诊放化疗、透析、输血治疗的医疗费用经医疗保险报销后，属于医疗保险政策范围内的自付费用，低保对象按 70% 的比例救助，年救助封顶线为（含住院和门诊）10 万元（2015 年）。但是对于容易引发其他重大疾病的“小病”，不纳入医疗救助的范围，从而导致经济有困难的贫困户对于“小病”不及时就医，能拖则拖，导致小病转大病，“因病致贫、因病返贫”的现象时有发生。

（2）医疗救助限定标准。医疗救助资金的来源主要包括四个方面：上级政府补助资金、城乡医疗救助专户的利息收入、社会捐赠资金和地方政府财政专项，其中中央政府是医疗救助资金的提供主体，融资渠道较窄，导致医疗救助资金不足，对病人的补助不高。《关于进一步完善医疗救助工作的通知》等文件的出台为重庆市医疗救助制定了标准。目前重庆市武陵山片区各区县对病人医疗救助的标准是各类保险报销后个人自付部分，低保对象患普通疾病住院医疗，其医疗费用经医疗保险报销后，属于医疗保险政策范围内的自付费用，按 60% 的比例给予救助（2015 年），而且对于最高补贴多少都有限定金额，年救助封顶线为 6000 元，对患重大疾病的医疗弱势群体而言，在拿到医疗救助的补贴之后，自己仍要承担数额巨大的医疗费用。大病医疗救助，是指特殊病种以外的其他疾病，在二级及以上医疗机构一次性住院治疗费用（医疗保险政策范围内费用）超过 3 万元的，经医疗保险报销后，属于医疗保险政策范围内的自付费用，按特殊病种的救助比例给予救助，年救助封顶线为 6 万元。

重庆市普通疾病救助标准包括普通疾病门诊医疗救助和普通疾病住院医疗救助。普通疾病门诊医疗救助是对城市“三无”人员、农村五保对象以及城乡低保对象中的 80 岁以上老年人和需院外维持治疗的重残重病人员，每年给予不低于 400 元的限额门诊救助，其医疗费用经医疗保险报销后，属于医疗保险政策范围内的自付门诊费用，在救助限额标准内给予全额救助，救助资金当年有效，不结转使用。对于限额门诊救助对象以外的城乡低保对象和城乡孤儿、在乡重点优抚对象，其门诊救助年封顶线调整为每人每年不低于 300 元。普通疾病住院医疗救助是救助对象范围中前五类人员患普通疾病住院医疗，其医疗费用经医疗保险报销后，属于医疗保险政策范围内的自付费用，按不低于60%的比例给予救助；对其他救助对象按不低于40%的比例给予救助。年救助封顶线不低于6000元。

（3）医疗救助的标准仍然较低。虽然重庆市民政局、重庆市财政局在《关于进一步做好医疗救助工作的通知》中调整了普通疾病门诊医疗救助的封顶线，对城市“三无”人员、农村五保对象、城乡低保对象中需院外维持治疗的重残重病人员、80岁以上的城乡低保对象，其普通疾病限额门诊救助标准调整为每人每年不低于400元；对限额门诊救助对象以外的城乡低保对象和城乡孤儿、在乡重点优抚对象，其门诊救助年封顶线调整为每人每年不低于300元。但是这对于大部分的边缘群体来说仍然较低，不能满足贫困群众和弱势群体的看病需求。

（4）定点医院才可享受医疗救助。根据重庆市人民政府《关于进一步完善城乡医疗救助制度的意见》文件精神，医疗救助必须在定点的医疗机构开展实施，普通疾病门诊治疗也需要救助对象凭借社会保障卡在定点医疗机构直接享受救助。也就是说，贫困群众要想享受到医疗救助，必须到指定的医院看病住院，限制了病人的自由选择权利，而医疗救助的医院大多分布在县城，对于身体不便或住在偏远山区的贫困户来说路途遥远，看病不便。

（5）乡村卫生室和医生数量不足。由于武陵山片区多山地陡崖，地形复杂，交通不便，农村家庭常常呈现分散的状态，村落的规模小，导致乡村卫生室和医生数量严重不足，难以实现每村都有医疗室，每村配备专业医疗人员，所以，在贫困群众的重病、特病的治疗和救助得到保障时，一些感冒、发烧等常见病不能实现就地治疗，有的甚至要走到十几里之外的乡镇就医，不仅给贫困群众看病带来了不便，还会耽误病情。由于就诊不便，一些农户选择在自己生病的时候“扛着”，不去就医，导致病情恶化，小病变大病，耽误了最佳的治疗时机，导致农户“因病致贫，因病返贫”。

重庆市政府、民政局调动各方资源，努力满足贫困群众的各种需求。低保对象享受民政医疗救助政策不需要申请，在享受低保的同时，县民政局医疗救助工作人员已将低保对象的相关信息录入医疗救助系统，在低保对象结账出院时，直接享受“一站式”服务，即新型农村合作医疗保险与民政医疗救助同步结算。重大疾病医疗救助采取“病种”和“费用”相结合的方式，对医疗费用过高、自付费用难以承受的低保对象给予重大疾病医疗救助。医疗救助系统同医保系统实现无缝衔接，实行“一站式”结算，取消了事后报销。救助对象在办理出院的时候，系统会自动扣除医保报销、医疗救助金额，救助对象只需要承担剩余部分与自付费用，医疗救助报销的费用由医院垫付，民政部门直接与医院结账。重庆市民政局、重庆市财政局《关于进一步做好医疗救助工作的通知》加大重特大疾病救助力度。完善重特大疾病特殊病种范围，将地中海贫血、白血病等费用较高、需长期治疗的特殊病种纳入重特大疾病特殊病种范围救助。细化重性精神病救助病种，将精神分裂症、躁狂症、焦虑症等肇事肇祸精神病特殊病种纳入重特大疾病救助范围。提高重特大疾病救助比例，将低收入救助对象和因病致贫家庭重病患者的重特大疾病救助比例提高到不低于60%。原重点救助对象重特大疾病救助比例不低于70%保持不变。

（二）教育救助状况

重庆市委、市政府历来都非常重视贫困家庭学生的上学问题，市财政局、教委等部门先后出台了一系列的文件和政策，帮扶贫困学子上学，目前已经形成了涵盖学前教育至研究生教育的资助体系，资助效果明显，帮助很多贫困学生实现了大学梦，在制度上保证了不让一个学生因为家庭经济困难而失学。虽然在调查中了解到，贫困家庭的教育资助是目前最完善的资助政策之一，但是贫困学子的其他需求还有待进一步去解决。

（1）区县的配套教育救助不足。教育公平是社会公平的重要基础，促进教育公平是国家的基本教育政策，国家为了实现教育公平，对学前教育、义务教育、普通高中、普通高校以及研究生教育等阶段家庭贫困学生进行资助。总的来说，各地方、各区县对基础教育阶段贫困学生的补助较多，而对大学教育和研究生教育阶段的贫困生补助较少。高等教育和研究生教育阶段贫困学生补助的主要来源有国家奖学金、国家助学金、助学贷款等。本科阶段国家奖学金标准为8000元/人·学年，国家励志奖学金5000元/人·学年，国家一等助学金4000元/人·学年，国家二等助学金3000元/人·学年，国家三等助学金2000元/人·学年；硕士研究生阶段对学生的补助标准为国家奖学金 20000 元/人·学年，硕士研究生生活资助标准不低于每生每年 6000 元，硕士研究生学业奖学金每生每年 8000 元。[①] 虽然从表面上来看，本科和硕士研究生阶段各类补助相加资助不菲，但是像国家奖学金等重要的奖项名额极少，只有极少部分学生能够获得，同时扣除科研经费等，其实所剩无几。对于贫困地区来说，教育基础薄弱，教育是改变贫困状态的一个重要途径，贫困家庭的孩子考上大学或者是研究生之后，对整个贫困村的榜样作用是比较明显的，区县或地方应该“扶贫更扶智”，对于考上大学或者是研究生的同学要给予必要的奖励，鼓励更多的人通过教育的途径走出大山，走出贫困。同时，随着社会的发展，物价水平不断地提升，大学阶段的学生处于充满好奇、希望去拓宽视野的阶段，单纯仅靠国家奖学金、助学金、助学贷款难以保证贫困学生的学业、生活，贫困区县和地方应该对考上大学或研究生的贫困学生同样进行资助。

（2）助学贷款标准有待提高。国家助学贷款是由国家主导的、金融机构向高校家庭经济困难学生提供的信用助学贷款，帮助解决在校期间的学习和生活费用，每学年贷款金额一般是 6000 元，贷款期限为学制加 13 年，最长不超过 20 年。但是全国划定统一的贷款额度忽视了各地经济水平、消费水平的差异。地区不同，各高校在学费、住宿费等收费项目上也存在差异，并且东部沿海学校相比中西部要高一些，而且专业不同，学费标准也会不同。所以，国家在进行国家助学贷款过程中应该更加细化，根据不同地区甚至是不同专业划分一个比较具体的贷款标准，这样才能充分地利用国家的资源，有效地帮助贫困学生。要提高贫困学生助学贷款的额度，因为自 1999 年国家设立助学贷款制度以来，助学贷款的额度基本没有改变，但是随着经济的发展，消费水平和物价水平有了明显的提高，或者说，助学贷款增长的速度落后于物价水平增长的速度，现如今每年每生 6000 元的贷款额度已经难以满足贫困学生的需求，即使勉强维持支付学费，食宿费仍然没有着落。

---

① 该数据来源于教育部全国学生资助管理中心网站，http：//www. xszz. cee. edu. cn/index. php/lists/10. html。

（3）智力残疾儿童的教育受重视程度不够。重庆市武陵山片区特殊教育落后。“重庆市近邻六区三残儿童入学率为 100%，14 个区县达到 90% 以上，9 个区县达 80% 以上，5 个区县达 70% 以上，1 个区县达 60% 以上，2 个区县达 50% 以上，1 个县达 40% 以上，还有个别区县特殊教育还未起步。”① 充分说明了智力残疾儿童平等享受义务教育的权利没有得到充分的实现和满足，特别是贫困山区智力残疾儿童的教育问题更加突出：第一，入学率低，对于残疾儿童来说，因为身体的残疾或智力的缺陷，不能独自去上学，需要有专门的监护人护送上学，特别是对于武陵山这样的山区，交通不便，又加之村落搬迁、村小撤并等原因，导致残疾儿童随班跟读往返学校与居住地距离远，花费的时间长，教育成本高，对于经济贫困的家庭来说，家庭的收入不足以担负起残疾儿童的教育费用，使残疾儿童的入学率低。第二，辍学率高，残疾儿童家长都希望自己的孩子能够像其他正常儿童一样接受义务教育，但是家庭经济状况不良使得残疾儿童在入学后由于难以支付教育费用而不得不选择辍学，此外，由于残疾儿童在智力或肢体上的缺陷，难以跟上教学进度，学习成绩不好，使得残疾儿童在学习上缺乏动力，自卑感强烈，不想上学，不愿上学，害怕上学，从而导致辍学。第三，社会对残疾儿童关心不够，残疾儿童的关心和照顾主要靠家庭照顾来实现，照顾的主体是父母、兄弟姐妹或者是其他亲属，政府和社会的关心和照顾不够。第四，严重缺乏针对残疾儿童的特殊教育学校和设施，首先，残疾儿童学校或特殊教育学校缺乏，不能满足残疾儿童接受个性化、针对性的教育；其次，特殊教育的教职人员配备不足或者是水平不够，不能为残疾儿童提供专业化、高水平的教育；最后，学校内残疾人无障碍化设施建设不完善，对残疾儿童的生活、学习造成不便。

（4）教育设施和师资力量较为落后。教育设施和师资力量落后主要体现在以下几个方面：第一，图书资源匮乏，对于偏远山村的孩子们来说，课外书籍是拓展他们视野和知识面的有效途径，然而，现实的情况是许多贫困

① 唐征，周泽英. 关注智力残疾儿童入学教育，促进城乡统筹和谐发展——关于重庆市农村智力残疾儿童入学现状问题的调查报告 [R]. 2010。

地区的小学图书资源非常匮乏，学校没有充足的经费用来买书，同时，现存的图书质量不高，适合小学生的优秀课外读物很少，限制了学生的视野和获取外界知识的有效途径，此外，随着学校课程的不断调整，教材、教学大纲、课外辅导书随之发生变化，学校购买新书的速度不及课程教改变化的速度，原有的图书、资料基本失去了参考价值，图书资源没有得到及时的更新。第二，师资配备不足，教学任务繁重，教学水平不高，这是多年来困扰农村教育的一大瓶颈，正规师范大学毕业的大学生不愿意留在农村，服务基层，现有的农村教师多是转正的民办教师，他们没有正规文凭，有的只是多年的教学经验和对农村教育的一片热心，由于缺乏师资力量，农村学校的老师多是数学、语文、思想品德、音乐、美术、体育“一肩挑”，教学任务繁重，不利于教学水平的提高。第三，生源流失严重，由于专业教师少、办学条件差，即使家庭再贫困，家长也希望把孩子送到县里去上学，最终造成了农村小学生源不足。第四，教学器材严重短缺，城里的学校早已开始网络化教学，但是在偏远的农村学校，老师们还在用一根粉笔、一把三角板教学，教学器材的严重短缺无疑给教学质量的提高带来了障碍，小学阶段都设有音体美课程，但由于缺少绘画工具、乐器、体育器材等，使得原本应有声有色的课堂也变得枯燥乏味。

自从农村义务教育实行“两免一补”政策后，农村孩子基本能上得起学了。过去收取的教育附加费和杂费可由学校支配以添置图书、教学设备。

（三）居住环境现状

（1）交通改善。重庆市武陵山片区贫困区县交通运输设施落后，在一定程度上阻碍了社会的进步，束缚了经济发展，给人们的生活造成极大的不便。重庆市武陵山片区贫困区县交通运输设施落后的主要原因有：第一，地形复杂，多山地，导致架桥难、修路难、通车难。第二，修路和基础设施建设成本高。第三，贫困户彼此之间居住地比较分散，距离较远，修建公路将每一户农户串联起来性价比不高。

交通的不便是造成贫困山区之所以贫困的重要因素之一。贫困地区的群众迫切地需要改善交通环境，加强与外界的交流与沟通，拓展自己的视野。

同时，贫困地区的群众也希望通过便捷的交通能够把当地的农产品、特色经济作物运送到全国各地，增加自己的收入。

（2）水电气改善。贫困地区基础设施建设比较滞后，目前有的地方和村落还没有通电、通水（自来水）或通气（天然气），即使是通了水电气的贫困地区也会经常发生断水、断电、断气的现象，水电气的供应不稳定，严重影响到贫困农户的生产与生活，降低了贫困农户的生活质量。

（3）住房条件改善。由于重庆地区属于亚热带季风气候，多阴雨天气，木质结构的房子长期被雨水冲刷和浸泡，容易损坏，又加之家庭贫困，年久失修，导致贫困农户住房经常漏雨，并存在很大的安全隐患。贫困户凭借自己的经济实力，难以改善住房条件，迫切希望得到政府和社会的帮助，期待住进砖瓦房。

二、个人层面

重庆市武陵山片区兜底保障对象的生活现状主要体现在政治、经济、受教育水平以及社会支持四个方面。政治参与层面，他们较少关心国家的方针政策，只关心与自己切身利益相关的贫困帮扶和救助所得；家庭经济层面，他们生活艰辛，家庭财富积累少，生产性资料缺乏；文化教育方面，他们普遍文化水平低，其子女也面临着上学难的问题；社会支持方面，他们的家庭亲属救助网络较弱，帮扶途径单一。

（一）政治参与度低

政治参与是社会成员通过各种途径和方式参与政治生活、影响政治决策的行为和过程。居民的政治参与是居民实现政治权利的重要途径，政治参与也是居民关注国家大事、维护自身利益的重要表现。武陵山片区兜底对象的政治参与度普遍较低、政治参与意识不强、政治参与途径单一、政治参与效能感低、政治参与主体分化。他们缺乏进行有效政治参与的主体意识，参与的主动性和自觉性较低。很大一部分村民对于国家大事和公共事务不清楚，政治知识缺乏，政治触觉迟钝，政治心态冷漠，政治生活缺乏责任感和动力。现有参与多体现为“维权型”或“争利型”的被动政治参与，一旦发现国家的政治决策同自身利益息息相关，他们才会积极主动地了解政治、谈论政治、关心政治，但是对于与自己切身利益无关的领域则多持“旁观者”的态度。造成此类现象的主要原因有：

（1）政治因素，兜底对象政治面貌以群众为主，政治参与的积极性不高。

（2）经济因素，利益驱动是村民政治参与的重要动机，经济也是制约居民政治参与的重要因素，经济条件较差的村民没有足够的机会和精力参与政治，武陵山片区兜底对象普遍贫困，更多的精力花在如何改善家庭现状，对政治参与则考虑得不多。

（3）文化因素，受教育水平是参与政治生活的重要基础，武陵山片区属于偏远山区，村民整体文化素质不高，文化水平限制了他们的政治参与。

（4）科技因素，武陵山片区兜底对象对新媒体的掌握程度较低，对时政的了解不够及时，难以作出有效的政治参与。

在重庆市黔江区ST乡的实地走访调查中，100%的受访者政治面貌都是群众，平均年龄在46～77岁，受教育程度不高，以小学水平为主，受过高等教育的兜底对象基本没有，参与的政治活动也很有限，他们大都认为“自己只是一个老百姓，从来没有人叫我们参加，我自己也不想参加，感觉没啥必要，都是党员的事情”，可见政治面貌的局限，是ST乡兜底对象政治参与度不高的重要原因。

我们访问了秀山县BF村一位年满66岁的土家族兜底对象，她是一名从来没上过学的普通群众，患有严重残疾，基本没有什么劳动能力。家中一共4口人，65岁以上的老年人2人，二老身体状况也不太好，老伴患有哮喘，儿子也患有腰椎间盘突出，家中身体健全、具备完全劳动能力的仅1人，而患有严重残疾的就有2人，无专业技能，家庭有效劳动力极其有限。家庭总体受教育程度较低，没有充足的文化水平支撑政治参与。家中负担较大，除医疗治病开销之外，还有一位在学人员，日常开销也很大，家庭的主要收入来源于国家的政策扶助资金，社会救助与扶助资助一年有9000元左右，养老保险、退休金、高龄补贴等一年有1680元左右，农业性收入一年有2000元左右，家庭年收入在12680元左右，微薄的收入根本无力支撑家庭的巨大支出，还负有5000元的外债，生活过得很艰难。

家庭的经济压力，让他们没有充足的精力与时间去参与政治生活，关注点更多地放在如何改善家庭现状、增加经济收入上。经常来往的约8人，基本上都是有血缘关系的亲朋好友，也大多是普通的群众，在政府部门、事业单位有任职的基本没有，政治人脉关系网匮乏，得到党员的引导机会较少，政治参与度不高，易成为社会边缘群体。受访者家里只有一台智能手机，只有还在读书的孙子会用，儿子也只会一些基本的操作。而对于新媒体是什么，怎么运用新媒体，基本是不太了解的，很难通过当前的新兴媒体了解国家大事，表达自己的政治意愿。

（二）家庭资金积累少

武陵山片区属于偏远山区，经济发展落后，以第一产业发展为主，无法给兜底对象提供充足多元的就业机会，在此因素的影响下，兜底对象的经济收入来源结构单一，且报酬偏低。同时，由于存在无专业技能或身体状况不佳等限制因素，兜底对象劳动力普遍缺乏，很难依靠劳动获取足够的经济收入，只能从事一些简单的劳动，以农业劳动与做零工为主，收入较低，家庭的平均年收入约在1.5万元左右，仅能维持家庭的正常开销，无法负担如子女教育、医疗支出等大额经济支出。国家的政策帮扶成为兜底对象的主要经济来源，大部分兜底对象依靠每年的社会救助与帮扶、养老金、退休金等国家性政策补贴度日，填补家庭的经济空缺。而国家扶助资金相对有限，无法从根本上彻底解决贫困问题，还有部分兜底对象无力支撑家庭沉重的经济负担，负有外债，无力偿还。

由于自身与生活环境的局限，经济收入偏低是兜底对象的普遍现象。在秀山县MJ镇有一位年满69岁的土家族老人，老伴年满70岁，他们2人的文化程度都不高，身体状况较差，老人患有冠心病，老伴属于国家二级残疾人。家里只有两位老人共同生活，总体生活条件较差，住房为自建的木质结构房，室内没有厕所。对于目前的居住条件，两位老人表示并不满意，但由于家中收入微薄，也只能安于现状，无力改变。在他们的讲述中，我们了解到，他们有3个儿子，但是他们的大儿子根本就不管他们；二儿子住在县里，但是因为“脑子不太好”，也没有能力管他们；三儿子家里有6口人需要靠他养活，也没有精力来照顾他们。两位老人年纪大了，已有近六年没有再从事劳动，基本丧失了劳动力，他们自己也表示没有再从事劳动的打算。家中的唯一收入就是国家的政策扶持资金，全年总收入约4840元，其中有近一半来自社会救助与扶贫资助资金，一年约2160元，养老保险、退休金、高龄补贴等一年有1680元，亲戚朋友的帮助一年有近1000元，家中没有外债，老人说再缺钱也不去借钱，怕还不上。因为家里没有稳定的、较多的经济来源，两位老人的生活过得比较艰苦。在偏远的武陵山片区，兜底对象收入较低几乎是一个普遍现象，对于大部分兜底对象来说，国家的精准扶贫资金就是家里最重要的经济来源，是家庭赖以生存的经济资源。体弱多病是武陵山兜底对象的共同特征，兜底对象的年龄偏大，而年龄的偏大也带来了疾病的增多，疾病又需要大量的治疗费用支出，但一般兜底对象的经济条件都不太好，导致更加贫穷，这更像是一个死循环，大量的支出却没有足够的收入平衡，所以兜底对象微薄的经济收入依然是贫苦的最大问题。

（三）教育设施有限，文化水平偏低

良好的教育在偏远山区是稀缺的，兜底对象大多生活在偏远山区，居住呈分散性特点，当地办学条件不佳，教育设施较落后，加之兜底对象生活困难，无力支撑子女上学，适龄儿童失学辍学率较高，青壮年文盲比例偏大。先进的教育教学设施是提高居民受教育水平的重要基础，武陵山片区经济欠发达，教育设施十分有限，兜底对象受教育水平不高，都是地地道道的农民，大部分仅有小学文化，只能读写一些简单的汉字，拥有中学文化水平的居民都很少，较低的文化基础难以通过学习提高文化水平。贫困给兜底对象带来的不仅是单一的经济问题，更是一个文化缺失的教育问题。经济条件差只是一种外显型贫困，这种贫困下隐藏着一种自我维系的文化体系，兜底对象长期处于贫困的生活状态下，思想文化受到经济条件的限制，生活观念比较保守，也存在着部分兜底对象消极依赖的生活心态等落后文化观念。劳动力文化程度低，缺少职业技能培训，是偏远兜底对象普遍存在的现象。

秀山县YL村兜底对象整体的文化水平都不高，以小学文化为主，上过

中学的也只有极少数，基本处于文盲或半文盲状态。YL 村处在偏远山区，教育性基础设施落后，这样的条件导致部分人口得不到良好有效的教育。同时在主观原因上，偏远山区经济落后，大部分家庭无法负担子女的教育支出，子女只有选择早早辍学。偏远山区的人口整体教育水平偏低，没有接受良好教育的父母缺乏教育意识，对子女的教育问题不够重视。在这些主观与客观的原因下，偏远山区兜底对象的受教育程度普遍很低。在我们的实地调研中，有一户兜底家庭中所有成员基本都没上过学。被访者 46 岁，属于普通群众，已婚，但是身体状况不太好，患有严重的甲亢病，家里成员的身体都不太好，家里共有 3 人共同生活，患有慢性病的就有 2 人，完全处于健康状态的仅有 1 人。每个家庭成员基本都没有接受过基础教育，也没有掌握什么专业技能，因此只能在家里务农。我们在访谈中了解到，2016 年整个家庭的收入一般，只能保障基本吃穿，简单维持生计。在国家的住房补贴下，他们住上了自建的混凝土砖房，有两间卧室，家里基本能够住下。但是受访者表示，对现在的住房条件很不满意，还希望得到进一步的改善。受访者表示，家里人都没接受过什么教育，也没有掌握一些专业技能，仅靠种庄稼那点稀薄的收入很难改善家庭现状。家里每年的经济收入都很低，每月能得到国家社会救助与扶贫资助 120 元，一年有 1440 元，领了快三年了。务农一年能收入差不多 4000 元，所以家庭一年的总收入也就 5000 元左右，家庭经济得不到足够的保障。家里人与外界接触不多，与其他亲朋来往较少，没什么经常来往的朋友，对新媒体基本不了解，基本不会使用新媒体设备，家里就只有传统手机和电视。受访者表示对新媒体的了解有限，主要是因为自己不识字，不会使用智能手机，同时也表示家里有电视和一个能打电话的手机就够了，没有必要购买智能手机，对新媒体的兴趣也不大。

（四）社会支持有限，帮扶途径单一

武陵山片区兜底对象因为长期处于贫困，远离社会的主体结构和主流社会，是现代社会的边缘群体，易受到社会的忽视，而主要的帮扶性支持来自国家的精准扶贫等政策，其他社会组织性帮助很少，帮扶支持结构单一。武陵山片区兜底对象长期生活在偏远山区，与主流社会接触有限，人际关系网

的局限使他们很难得到广泛的社会资源帮扶。大部分兜底对象仅与有血缘关系的亲朋好友来往，得不到广泛持续的社会性支持。兜底对象的帮扶主要来源于国家政策，精准扶贫的实施使国家对偏远地区贫困家庭的帮扶真正落到了实处，给兜底对象带来了很大的帮助，很多的兜底对象更是依靠国家的政策补贴度日。但国家的帮助始终是有限的，没有社会的广泛支持，兜底对象想要摆脱贫困依然是个难题。又由于兜底对象受教育水平普遍较低，没有足够的文化积累，对新媒体的认识与了解有限，很难通过新媒体扩展自己的人际关系网，获得广泛的社会性支持。

在黔江区 EC 镇实地调查走访中，有一兜底对象家中有 5 口人，被访的兜底对象 46 岁，男性，属于少数民族，初中文化水平，离异之后没有再婚，身体状况一般，患有长期性肠胃疾病。家里有 2 个女儿，都还在读书，大女儿在上大学，小女儿还在上幼儿园，大女儿读大学，每年学费很高，再加上生活费、日常开销，对于家庭来说都是一笔不小的费用，每年光是 2 个女儿的学费都是家里难以承受的负担。家里有效的劳动力不多，被访者学历不高，没有什么专业技能，还长期患有严重的肠胃病，不能从事过多的体力劳动，务农的微薄收入又难以负担家里巨大的开销，只能选择去做一些零工，这种工作稳定性较差，没有固定的收入，一个月差不多能有 2000 元，但对于一个有 2 个孩子在读书的家庭来说，一个月 2000 元根本是不够的。家庭一年的支出将近 20000 元，这还是粗略的计算，其中，仅子女教育一年就需要将近 15000 元，占了全家一年支出的 3/4，吃穿支出一年 1000 元，看病医疗一年 500 元，红白喜事一年近 1000 元，养老保险、医疗保险缴纳一年将近 1000 元。而家庭的收入在 23000 元左右，其中，国家社会救助与扶贫资助一年有近 3000 元，靠被访者做临时工一年能有 20000 元左右，其他方面基本没有收入，还有 10000 元的外债未还。被访者家庭生活过得很艰苦，一家人挤在仅 50 平方米的自建木质结构房中，家里只有一间卧室，两张床，一家人挤在一起，对于现在的生活状况，被访者表示很不满意，但是基于家庭现状，也根本无力改变。除了国家的政策扶助，基本得不到其他方面的支持，家里的人际关系网较差，经常来往的仅有 2 个有血缘关系的亲戚，生活条件也相对一般，基本无法给予被访者家庭帮助。对于新媒体，被访者表示不了解，因为家庭经济有限，被访者家庭没有购买智能手机，家里仅仅只有一部传统手机，其余家电基本没有，与外界的联系较少，对于时政基本不了解，无法利用新媒体技术建立广泛的人际关系网，获得更多的机会，改变家庭现状。

第二节　重庆市武陵山片区兜底保障对象的特点

通过实地走访调查我们发现，重庆市武陵山片区兜底保障对象的主要特点是：年龄偏大，身体健康条件差；家庭经济基础薄弱，劳动力缺乏；家庭成员收入少，且是波动的；社会支持网络不足；生活条件简陋，住宅简陋；专业技能匮乏，思想观念陈旧；域内自然资源丰富，但是缺乏发展机遇。下面我们将详细地论述重庆市武陵山片区兜底保障对象的特点。

一、年龄偏大，身体条件差

重庆市武陵山片区兜底对象年龄分布相对集中，年龄普遍偏大，偏向老年型。据实地调查，PB 村的兜底对象中约 80% 均在 45 岁以上，平均年龄在 57 岁左右，属于中老年层次。兜底对象的身体状况也不容乐观，抽样十份村民基本生活状况调查问卷，受访者中就有一级残疾 2 人、二级残疾 3 人、三级残疾 1 人、身体轻微缺陷 1 人、甲亢病 1 人、肠胃病 1 人。有将近 2/3 的兜底对象或家人存在身体缺陷，或患有重病。疾病不仅给兜底对象带来身体上的摧残，更将他们的家庭带入贫困的深渊，成为压倒家庭的一根稻草。疾病会给家庭带来严重影响，在没有足够经济条件的支撑下，巨额的医疗支出成为家庭沉重的负担。

秀山县 SY 镇被访对象中年龄最大的兜底对象是一位年满 83 岁的土家族老人，她的丈夫已经去世 26 年，全部子女都在外务工，常年独自生活。她的身体条件较差，体弱多病，就是一个普通感冒，一年也未痊愈，常年咳嗽，还患有慢性疾病，目前已基本丧失生活能力。在饮食方面也是十分艰难，平时也只能做一些简单的饭菜，靠周围邻居的接济度日。住房方面，至今还生活在自家建的仅有60平方米的土坯墙房内，冬季御寒能力较差，且室内没有厕所。支出方面，家中一年支出在8000元左右，其中吃穿支出在2000元左右，医疗保健的净支出就占家庭总支出的3/4，家电家具、家用车辆等购置以及交通通信等基本没有支出。她说："因为家中没有足够的经济条件，根本不敢消费。"一年家中的总收入仅仅只有2600元。其中，社会救助与帮扶资助有1100元，养老保险、退休金、高龄补贴等有800元，村集体提供的福利收入分红补贴等有300元，亲戚朋友的赠与有400元，支出远远高于收入，她表示自己的家庭生活根本得不到保障，只能依靠政府每月225元的低保金和每月70元的当地农村基础养老金艰难度日，连"新农合"费用都是政府给补贴的。

PB村一位患有严重胃病的兜底对象，至今还住在仅50平方米的木质自建房中，因为患有严重胃病，基本丧失劳动能力，无法改变家中的经济现状，妻子不能忍受这种贫苦生活，离家出走，一个儿子还在读书，家中基本没有什么劳动力，也无专业工作技能，仅靠务农维持基本的生活。生活居住条件较差，家中仅一间卧室，寝室内没有厕所。一年家中的支出较大，吃穿支出约在2000元，农业生产资料支出在2000元左右，子女教育支出在4400元左右，一年差不多就得支出9000元。受访者患有严重的胃病，但由于家庭经济条件有限，宁愿自己承受着，也不去医院接受治疗。家庭的总收入在6700元左右，其中，社会救助、扶贫资助一年有4200元，农业经营收入一年有2000元，亲友赠与或其他人情收入有500元。家里的收入根本无法负担支出，除去开销后，家里只能靠每月领取250元的低保金维持生活，因为年龄还没有到国家标准，也不能领养老金，日子过得比较艰难。

武陵山片区兜底对象生理特点以年龄较高和身体条件较差为主，劳动力低下，通过劳动获取报酬的能力较低，这是造成兜底家庭贫困的重要因素。

二、家庭经济基础薄弱，劳动力缺乏

兜底对象生活居住条件较差，以低保家庭为主，家中有效劳动力有限。

造成兜底对象贫困的另外一个重要原因是劳动力的缺失，家中没有长期固定的经济收入，无法支撑家庭的正常开销，因而走向贫困，陷入兜底。兜底家庭现状存在两大特点：一是家庭人口过多，且有效劳动力缺乏，具有这种家庭特点的家庭负担较大，家庭的经济支出较多，生活压力较大。二是家庭人口过少，只有两到三个，且均是劳动力低下的老年人，只能从事简单的农业活动，没有足够有效的劳动力。农村家庭单位贫困户家庭人口存在“两多一少”现象，即人口数量多、病号多，劳动力少，贫困户户均人口比非贫困户多，特别是61岁以上的老人和6岁以下的儿童比重明显偏高。其中，兜底对象健康状况的一个明显特征是长期患重病的人数较多，据调查约1/3兜底对象长期体弱多病，在偏远山区医疗保障制度尚不健全的前提下，兜底对象仅能从事简单的农业活动，没有足够有效的劳动力，亦无法得到充足的劳动报酬。家中有效劳动力严重缺失，也是造成兜底户贫困的重要原因。

黔江区EC镇有一户兜底家庭，家里只有被访者一个人，父亲和孩子都已去世，妻子不能忍受这样破碎的家庭离家出走，所以现在家里就只剩他一个人。他的年龄为49岁，土家族。受教育程度不高，还有轻微的身体缺陷，没有什么专业技能，也没有固定工作，平时来往的亲戚朋友也不多。居住在只有30平方米的土坯房内，室内也没有卫生间。被访者没有固定的收入来源，平时只能在家做点简单的农活，做点零工。一年收入能有3000元左右。其中，社会救助与补助资助收入1440元，做临工等一年能收入2000元，农业收入仅有200元，因为年龄没有达到国家标准，所以养老金、退休金等高龄补贴都不能够享受。在他看来自己的一年收入很低，虽然家里只有一个人，但是还是不够开支。吃穿支出一年就需要4000元左右，交通通信等支出，一年也差不多需要200多元，医疗保健的净支出一年得花2000元。虽然收入和支出看起来相差不多，但根据受访者自述，收入是远远不够支出的，家中的收入根本不够用，家庭经济上也得不到足够的保障。当地低保全额标准为每月320元。但受访者每月领取低保金额总计只有120元。家中也没有享受其他的帮扶或补助，仅建档立卡贫困扶助，每年有200元。自己也没有缴纳养老保险。

兜底家庭普遍是低保户，大多没有固定收入，或者收入较低，生活条件较差，靠国家帮扶度日，究其原因是家中有效劳动力的严重缺失，无法创造足够的经济资源。

三、经济收入少，且不稳定

兜底户由于家庭成员劳动力的缺失或无专业技能等因素影响，无稳定的经济来源，收入普遍偏低。重庆市武陵山片区经济基础薄弱，经济发展水平低，特色产业滞后。片区人均地区生产总值明显低于全国平均水平。缺乏核心增长极，缺乏具有明显区域特色的大企业、大基地，产业链条不完整，没有形成具有核心市场竞争力的产业或产业集群。劳动力就业“两窄一低”。即：了解信息渠道窄、从业门路窄，非农就业比例低。从劳动力的就业情况来看，大部分从事单一的种植业，或兼营家庭式的养殖业，而经营第二、第三产业的几乎没有。由于劳动力被束缚在单一的种植业上，再加上缺少外出的就业信息，贫困户劳动力外出的半径小到只限于本乡镇范围内，离开本乡镇外出人员极少。且由于身体缺陷或者专业能力较差等因素，兜底户的有效劳动力有限，无法创造足够的经济收入。大部分兜底户的正常经济收入仅仅只能维持家中的简单开销，部分家庭基本没有收入，只能靠政府的帮扶度日，还有一些家庭，家中有较重的经济负担，如子女的教育性支出，或者家中成员患有重大疾病，需要负担昂贵的医疗支出，家中经济条件有限，只能向外借债，因为经济条件有限，根本无力偿还。总体而言，武陵山片区的兜底对象经济收入普遍偏低，且家庭经济条件较差，家庭收入的很大部分是来自国家的救助与帮扶性收入。

劳动力不足是不能获取足够经济资源的重要原因。我们实地访谈了重庆市 SZ 县的一户兜底家庭，被访者是一位年满 60 岁的老人，高中文化水平，已婚，他患有脑溢血，属于一级残疾。家里现在一共有 4 个人共同生活，儿子因为打架而坐牢了，孙子也才满 14 岁，家中的有效劳动力有限，家中其他人文化水平都不高，无专业技能，只能在家务农，依靠农业的微薄收入度日。居住条件很差，目前家里四个人挤在仅 50 平方米的自建木质结构房中，也无单独的居住房间，日子过得相当艰难。一年中生活消费支出较大，仅吃穿支出每年就在6000元左右；由于还在九年义务制教育阶段，子女的教育性支出负担不大，一年仅300元；养老保险一年缴纳400元；医疗保险一年缴纳600元；农业生产资料支出200元。一年家庭的总收入约10000元，其中，社会救助与扶助资助约有6000元，占了家庭总收入的3/5，养老保险、退休金、高龄补贴等有840元。农业收入一年仅有2000元，占了家庭总收入的1/5。目前，家中还在外负债30000元，由于家庭收入过低，根本无力偿还。家庭经济上完全得不到保障。该家庭属于低保家庭，享受国家低保，全家每月能够领取的低保金总额为720元，当地的低保全额标准是一个月240元，家里有三个人在领取低保，持续领取低保已经快两年了。

兜底家庭的经济条件普遍不理想，收入偏低，收入来源结构单一，经济收入的稳定性较差，且经济的收入很难负担家庭的正常开支。

四、人际关系冷漠，社会支持网薄弱

兜底对象的人际交往面较为狭窄，与社会接洽程度不高。由于生活环境的局限性，兜底对象长期生活在偏远的山区，与主流社会的接触不多，普遍现象是经常来往的只有子女或者其他拥有血缘关系的亲戚或者朋友，亲友在政府部门、事业单位工作的极少，所以兜底对象很少能接触拥有较多社会资源的人。人际关系能够给兜底家庭带来一定的帮助，但由于兜底对象人际关系网本身的局限，价值性资源不足，其长期作用十分有限，兜底对象不能利用已有的人际关系网、人际资源摆脱贫困。兜底对象的人际关系网结构关系单一，且其价值有限，关系脆弱。

广阔的人际关系网是发展必不可少的条件，而兜底对象的人际关系网相对脆弱。石柱ZJK村有一位47岁的兜底对象，男性，普通群众，受教育程度不高，离异，至今还未再婚，有轻微残疾，患有严重胃病，仅能从事一些简单的体力劳动，家中仅受访者和孩子共同生活，孩子15岁，还在上初中。家中的经济负担较大，仅孩子的教育性支出一年就将近5000元，吃穿一年需花费2000元左右，农业生产资料支出一年近2000元，还有一些日常支出，家庭一年的总支出在10000元以上，教育性支出占了家庭一年总支出的1/2。而受访者表示，家中的经济条件较差，他舍不得花钱，不愿意去医院看病，宁愿自己扛着，也不能耽误孩子的教育。受访者家中仅一位劳动者，且患有严重的疾病，只能从事一些简单的农业活动，而农业生产的经济收入十分有限，一年下来有近3000元，除去生产资料支出，一年的农业劳动收入仅能解决家中的吃穿问题。主要的经济收入来源是国家的精准扶贫等国家扶助性政策，低保每个月能领到250元，一年有3000元，加上扶贫资助一年有1200元，每年国家给受访者家庭的帮扶就有近4500元，但对于家庭的生活现状来说，依旧是收不抵支，受访者也表示对家庭的生活现状不满意，家人至今还住在近50平方米的木质结构房中，对于生活条件，他表示根本无力改变。家中贫困的根本原因是没有足够的劳动力，且未能得到有效的帮扶。受访者称与自己家庭长期有来往的就是三个有血缘关系的姐姐，平时也就与她们走得比较近，三个姐姐的家庭状况也很一般，没有足够的能力给家庭带来实质有效的帮助，只能偶尔接济一下家中的日常生活开支，无法从根本上改变家庭的生活现状。与有一定经济实力、社会资源掌握较多的人接触不多，在受访者的人际关系网中基本没有，从而导致家庭合理利用社会资源的机会相对较少，以此彻底摆脱贫困的机会缺乏。

社会关系资源在中国是一种十分重要的发展性资源，而恰巧兜底对象的人际资源十分有限，除了国家以外，得不到足够的帮助，这使得兜底家庭没有足够的能力摆脱绝对贫困。

五、生存环境差，生活设施简陋

生存环境的优劣，始终与家庭收入挂钩，兜底家庭的收入普遍偏低。武陵地区生存环境较差，缺少自然资源，耕地较少，土地落差较大，交通状况恶劣，多为偏远深山和高寒地带，生态环境脆弱，多自然灾害。丘陵面积较多，大片的耕地较少，上坡的耕地梯田多且土层较薄，产量也很低，土地的承载力很弱，这是兜底家庭绝对贫困和返贫的重要原因，而且往往越是贫困的地区，受灾的情况越为严重，从而形成恶性循环。对于自然条件相对恶劣、交通不便、自然灾害频发的偏远地区，由于农业对气候的依赖性较强，干旱、洪涝、风雹等突发性灾害瞬间就可能造成农作物大幅度减产甚至颗粒无收。兜底家庭的收入有限，对家庭生活环境改变的能力不足，大部分兜底家庭居住的均是自建的木质结构房，住房面积普遍较小，且家庭成员基本没有单独的卧室，室内也无厕所，在人口较多的家庭中，生活很不方便。部分兜底家庭至今还住在自建的土坯墙房内，生活环境很恶劣，尤其是冬季，御寒作用很差。只有极少数的兜底家庭拥有混凝土砖房。兜底家庭的生活设施也相对简陋，仅有家庭必需的生活设施，其余享受性设施如电脑、电视等基本没有。

在重庆市 PS 县的实地走访中，有一位年满 53 岁的兜底对象，受教育程度不高，患有严重的精神疾病，属于二级残疾，家里成员都没有什么专业技能，两个人在外务工，一人在家务农，还有一人在上学。家里主要与两个有血缘关系的亲戚有来往，与他人的深入接触不多，人际交往面很小。家里的生活条件很差，居住在仅有 50 平方米的木质结构房中，一年的农业收成也不好，基本没有什么收入，平时家里吃的蔬菜都是到集市上去买的。就两个人在家，一年的吃穿支出差不多 1000 元，一年医疗保健的支出就在 7000 元左右，养老保险一年缴纳 100 元，医疗保险一年缴纳 150 元。家庭一年的生活消费支出约在 8000 元。而家庭一年的总收入远远跟不上家庭的消费支出，家庭的主要收入就是社会救助与帮扶资助，每个月家里能领取到 180 元的低保金，一年下来，家里两个人能领取到近 3000 元，持续领取低保也将近三年了，残疾人补贴一年能有 1600 元，其他方面基本没有收入，靠这点微薄的收入根本无法负担起家庭的正常支出，家里还有 3 万多元的债务，不知道什么时候才能还完，家里也没什么享受性的设施，除了生活必需之外，只有一部老式功能手机，对现阶段社会的发展主流并不了解。家中的经济负担很大，经济上根本得不到保障。兜底家庭普遍经济负担较大，且没有足够稳定的经济来源，根本无法满足家庭对改善生活条件的愿望。

经济收入的短板，始终是兜底家庭无力改变家庭生活现状的根源，在实地调查采访中，兜底对象无不表现出对改善现有生存环境的愿望，但无奈现有的经济条件只能让这一愿望存在于想法层面，而无法真正地落地实施。

六、自然资源丰富，但发展机遇欠缺

发展资源是摆脱贫困必不可少的重要因素，而兜底家庭可利用的发展性资源十分有限。武陵山片区地下、地表资源丰富，且组合条件好，开发潜力大，是我国自然资源富集地区。大面积的山区生长着数千种野生和人工培植的中药材，在全国产量最大，石灰石地质地貌突出，溶洞较多，有丰富的地下热矿泉水和饮用矿泉水，开发前景良好。但兜底家庭多生活在偏远的山区，没有足够的技术对区域资源进行深度开发，因而可利用的社会性经济资源依旧极其匮乏，且偏远山区交通条件欠发达，复杂的地理环境难以建造宽阔平坦的公路，运输条件不足，交通资源不足，“想要富，先修路”，交通是武陵山片区求发展的一大难题。人才资源也是偏远山区极其匮乏的资源，武陵山片区属于贫困地区，缺乏吸引人才的有效物质条件，没有足够的就业机会，大部分青壮年劳动力会选择到经济较发达的地区务工，从而导致了本地劳动力资源的缺失，没有充足、高质量的劳动力，偏远山区想要谋求发展是难以实现的。

缺乏广阔的就业市场，无法远离家庭的兜底对象仅能依靠务农、做散工获得较低的经济收入。重庆市 YY 县一位 66 岁的兜底受访者家里有 4 人共同生活，身体健全具备完全劳动力的仅 1 人，因为年龄大了，加上家庭因素，受访者表示无法远离家庭去经济发达的城市务工，附近也没有什么就业机会，生活在偏远的小山村，家中的经济收入主要靠在家务农获得，而务农每年的收入仅能维持家中的日常吃穿，无法负担较大的经济开销。家庭成员的身体条件都不太好，受访者表示自己身体状况不好，身体总是麻木、全身无力，由于家中无法负担较大的医疗支出，也没有去正规的大医院诊断过，老伴患有哮喘，对药物的需求很大，对于现在的家庭状况来说，无疑是雪上加霜。作为家庭主要劳动力的儿子也患有严重的腰椎间盘突出症，劳动能力也变得很有限，除了还在读书的孩子，家庭成员基本都患有一定的疾病。家庭的居住条件很差，一家 4 口人还挤在仅有 60 平方米的土坯房里，家中仅有两间卧室。受访者表示对现在的住房条件很不满意，但也无力改变，2016年的农业收成很差，基本上没有什么收入。一年家中除了农业性收入之外，主要的经济来源就是国家的政策扶助，家庭4人每个月社会救助与扶贫资助每人能得到225元，一年家里一共也能收入近9000元，养老保险、退休金等一年约有1500元，加上农业收入，一年家庭收入在14000元左右。家庭现阶段的支出较大，仅吃穿支出就有近6000元，子女的教育性支出3000元，一年家庭医疗保健支出在5000元左右，占了家庭年收入的1/3。家里还有几千元的外债未还，家庭的生活很艰难，在经济上得不到保障。兜底家庭经济收入低与居住地区的欠发达息息相关，没有足够的就业机会，贫困家庭在不远离家庭的前提下，根本无法获得足够的经济收入，难以改变家庭生活现状。

武陵山片区属于偏远山区，资源的利用率较低，可运用的发展性资源较少，客观条件上无法满足兜底家庭获得更多经济收入、改变家庭现状的愿望。在没有足够发展性资源的现实条件下，兜底家庭想要依靠劳动摆脱家庭贫困是极其困难的。

七、发展能力不足，思想观念陈旧

兜底对象受教育程度较低，思想观念陈旧，专业技能掌握普遍低下，以务农为主。武陵山片区经济发展相对落后，地区教育水平偏低，居民受教育程度普遍不高，除农业技能外，基本无专业性技能，掌握的发展性技能极其匮乏。大部分兜底对象年龄偏大或患有一定疾病，其身体素质较差，劳动能力有限，无法将劳动能力作为有效的发展能力。兜底对象多生活在偏远山区，与主流社会的接触面较窄，对新时代的脉搏把握不准确，对新兴产业、新技术等了解有限，对新媒体的了解、运用较少，与社会外界接触不多，思维难以跟随时代的发展，受传统观念影响较大，思想相对僵化，观念陈旧，难以形成有效的发展性思维。

重庆市YY县46岁的兜底受访者家里有3人共同生活，身体健全、具备完全劳动力的仅1人，其他2名家庭成员身体存在轻微缺陷，被访者患有严重的甲亢，不能从事较重的体力劳动。由于居住地教育水平落后，在当前的家庭经济背景下，受访者家庭成员受教育水平较低，基本没有接受过教育，无具体掌握的专业技能，主要依靠在家务农维持生计，2016 年农业收成一般，基本能保障家庭的正常吃穿，家庭一年的经济支出在 7000 元左右，其中吃穿支出一年需 2000 元左右，农业生产资料支出一年需 2000 元左右，医疗保健支出在 1000 元左右，红白喜事一年支出 1000 元左右，没有子女在学，无子女教育性支出。家庭的主要收入来自国家的社会救助与扶助资助政策和农业经营性收入。国家精准扶贫补助一年近 1440 元，农业性收入一年 4000 元左右，亲友赠与或其他人情性收入一年近 1000 元。家庭收入低于家庭日常开销，受访者对家庭现在的生活现状并不满意，但自身发展性能力有限，学历低，无专业技能，兜底对象的经济收入很难改变现在的生活。由于文化水平不高，兜底家庭成员对新媒体基本不了解，对新媒体设备的运用不了解，使用率低，对外界的了解较少，无法根据时代的发展而发展，更新自身思想观念，形成创造性思维发展自身，从而摆脱贫困。

发展能力是兜底家庭摆脱贫困的重要条件，兜底对象在存在身体缺陷、自身学历低、无专业技能、思想观念陈旧等主观条件的局限下，发展性能力严重不足，从而长期处于贫困，这也是兜底对象无法摆脱贫困的根本原因。

第三节　重庆市武陵山片区兜底对象致困因素

改革开放 40 多年，特别是国家实施精准扶贫战略以来，我国农村的生活条件得到了很大的改善，大多数农民摆脱了贫困，过上了小康生活。然而，仍然有小部分农村家庭难以摆脱贫困，依然非常贫穷。对于农村这小部分极为贫穷的农民，主要的致贫因素有四个。一是因病致贫，家里有一个残疾人，或者有癌症、白血病病人，这种家庭往往都是因为治病花费了太多的钱，而家中也没有太多劳动力。二是因自身限制导致贫穷，由于农产品价值比较低，加上种地成本比较高，农民不赚钱，随着生活成本的提高，他们慢慢就变穷了。这主要是因为自身文化水平的限制导致贫穷。三是因赌致贫，因为贫困，某些人便想通过投机行为赚钱，想不劳而获，以违法和投机的手段不仅不会摆脱贫困，还让他们嗜赌成性，陷入更深的贫困深渊。四是因懒惰致贫，有的家庭明明有强壮的劳动力，却不愿意外出打工，因为懒惰致贫。具体到重庆市武陵山片区兜底保障对象的致困原因又具有特殊性，贫困的原因主要集中在生理、经济、社会、历史以及自然等方面。

一、生理因素

重庆市武陵山片区兜底保障对象主要的致贫原因是身体条件的限制。他们的身体条件特征是因为年老体衰、疾病或者是残疾而丧失劳动力，没有能力通过自己的双手摆脱贫困。

1. 年老。武陵山片区兜底对象年龄偏大，大多数都是老年人。老年人贫困是一个世界性问题，无论是在发达国家还是在发展中国家，老年人都是贫困的高发人群。据实地调查可知，兜底对象中约 80% 的人均在 45 岁以上，平均年龄在 57 岁，属于中老年层次。因为兜底对象的年龄普遍偏大，所以劳动能力不强。而他们大多是在家务农，因此他们的经济来源有限。由于大多数中年人的文化水平仅到小学程度，没有接受过更高的教育，无法从事一些更高水平的工作，只能在家务农。调查显示，有一些年轻一点的受访者并没有接受过学校的教育，从来没有上过学校，而且在这些调查中，文化水平最高也只有高中文化而已。在这些稍微偏远一点的山区，中年人的文化水平较低，没有走出过自己的家乡，只能靠在家务农来维持生计。这些中年人大多数都上有老下有小的，一家人的生活重任都在他们身上，家庭的开支不小，但家庭的收入却很少，像这种情况很难实现兜底。更何况家有老年人，一旦老人患重病，医疗费用是一笔不小的开销，还有孩子的教育费用也是必不可少的。这样看来，家里的劳动力远远不够，经济来源仅靠务农的话，很难有效改善一个家庭的生活。

兜底对象中老年人偏多，年纪比较大，行动又不方便，只能在家做一些简单的农活。老年人的收入水平很低，基本生活和基本医疗缺乏保障，疾病、伤残和照料问题突出，自我脱贫能力差。由于老年人口不断增长及老年人身体素质的下降和生理的自然老化，一旦患病就会给整个家庭带来沉重的经济负担，难以保障老年人的基本生活。兜底对象中老年人中因高龄或疾病导致生活自理能力丧失的比例较高，近 40% 的老年人因无子女或子女进城务工等原因导致生活照料问题日益突出。老年人口是贫困人口中的“脆弱”群体，老年人口相对于青壮年人口而言更容易陷入贫困。老年人随着年岁的增高，会逐步丧失劳动能力，导致不能再创造财富，仅靠着在家务农的绵薄收入来维持家庭日常生活，但是他们健康支出的资金又越来越多。因此，年龄偏大的人口生活来源不稳定，经济供养水平低。调查发现，老年人口主要的经济收入来自子女供给、务农或者低保。无论主要经济来源由谁提供，老年人口的生活来源不稳定且经济供应水平较低。高龄老人和独居老人生活情况更是糟糕，没有劳动力、行动不方便、没有人照料、家庭收入很低，这些现象都说明老年人的生活是十分艰难的。年龄偏大是武陵山片区兜底对象不可忽视的一个生理特征，年龄偏大的兜底对象劳动能力严重不足，导致没有经济来源。同时，老年人极易生病，所以家庭的开销又比较大，这样入不敷出的场景，很难实现民政兜底。

2. 疾病。当疾病产生的大额医疗费用超过家庭的支付能力时，就会造成贫困，即所谓“因病致贫”“因病返贫”。但从可行能力的视角来看，疾病造成的贫困不仅仅是收入贫困，更重要的是可行能力的减弱甚至消失，降低获取收入的能力，导致将收入转化为可行能力更加困难。一般情况下，贫穷者在患一些不是很严重的疾病时，往往自己觉得不严重，相信自己撑一撑就过去了。而恰恰就是这些不在意，导致小病拖成大病，而真正到大病时又完全无力医治。贫困人口收入水平低下且增长缓慢，而且贫困人口绝大部分靠自费医疗，支付能力不足限制了对医疗服务的利用。兜底对象的身体状况不容乐观，在抽样出的十份居民基本生活状况调查问卷中，有四位受访者最近一年患过重大疾病，其中最严重的是一位年满 81 岁的受访者患有支气管炎，有九位受访者患有慢性疾病。疾病不仅给这些兜底对象带来身体上的痛苦，还给他们的家庭带来了难以承受的经济负担。他们不能支付巨额的医疗费用，以至于身体变得体弱多病，从而丧失有效的劳动力。而且老年人处于疾病的高发期，处于兜底的老年人患病率更高，在此次抽样调查中有一半兜底老年人患有两种及以上的疾病。许多兜底老年人因无钱看病，得了病只能扛着，疾病得不到及时治疗。等到小病拖成了大病，没有资金也不得不医治的时候，便会负债累累。

疾病带来的痛苦，对于贫困人口来说不仅是个人的痛苦，更是对家庭沉重的打击。不管是大病还是小病，对于兜底对象都会产生巨大的影响。疾病的出现，使得家庭的劳动力受到极大削减，也让经济来源变得越来越少。然而医疗费用不仅没有减少，还越来越多。在收入远远小于支出的情况下，实现兜底面临着重重困难。

3. 残疾。兜底对象大多数身体都存在缺陷，在十份居民基本生活状况抽样调查问卷的受访者中，有一位受访者一级残疾，三位受访者二级残疾，一位受访者三级残疾，两位受访者轻微残疾。在这些兜底对象中可以说残疾是他们贫困的最大原因，他们的身体存在缺陷，导致劳动力低下，通过劳动获取报酬的能力较低。很多兜底对象因为身体上的缺陷，无法外出务工，只能待在家里务农，做一些简单容易的工作，收入极低。而且残疾人因受身体条件、自卑心理、较低的文化和技能素质及社会歧视等方面的影响，导致仅20%的残疾人在家务农创收，有80%的残疾人处于无业和失业状态。许多残疾人不仅丧失了劳动能力，不能参加工作，没有经济来源，而且要承担一笔不小的残疾人康复医疗费用，家庭健康支出比较大。一方面社会能够提供的生活与工作环境较少考虑残疾人的需求，导致残疾人出行、与人交流都不方便，工作起来就更难了；另一方面由于身体上的缺陷，残疾人普遍需要治疗、康复训练，以及辅助器具等，不少残疾人及其家庭要承担这些特殊的、必不可少的支出，致使许多残疾人原本就少的收入更是入不敷出了。

根据调查可知，武陵山片区兜底对象中从年轻的小伙子到年迈的老人，几乎每个年龄阶段都有残疾人。这些残疾人，有的是天生残疾，有的是出了某种意外而导致的残疾。不管残疾的原因是什么，都为家庭带来了极大的负担。大多数残疾人行动不方便，也不具备劳动能力，长期需要家人照料，较少能够独立地生活。而且残疾人文化程度较低，接受教育的机会也较少，这就致使他们无法从事一些比较专业的工作，只能从事最简单、最容易上手的工作，而这些工作恰恰收入又极低，这就使他们一直处于贫困状态。残疾人不管在哪个地方都是必须得到特殊关爱的一个群体，他们身体上存在缺陷就已经注定他们会比正常人缺少一些劳动能力，就算在家务农，经济收入也会比一般人低很多。所以在残疾人较多的地区，要实现全部兜底，政府面临着很大的挑战。

二、经济因素

经济因素是导致重庆市武陵山片区兜底保障对象难以摆脱贫困的重要因素。这些致贫的经济因素主要包括生产结构单一、土地资源不足、转型发展面临困难以及发展方向局限等方面。

1. 生产结构单一。人口增长过快，教育、卫生等基本社会服务水平不高，财政收入水平较低，公共投入和基础投入严重不足，长期处于赤字状态，贫困县无力增加投入以改善贫困社区的公共设施，从而使基础社会服务一直处于低水平状态，形成恶性循环；以种植业为主，结构调整进程缓慢。收入水平低、家底薄、非劳动力人口多等因素，制约了农村贫困户开展多种经营和多渠道就业。在日常生活中，贫困家庭劳动力一方面要照顾老幼、病号，另一方面文化水平又较低，直接限制了其外出务工从业，要经营第二、第三产业也困难重重。因此，贫困家庭的大多数劳动力只能在家从事传统的种植业。农业经济效益水平较低。贫困家庭的生产经营活动一般都是围绕着和食品有关的种植业进行的，而种植业产品的收入和价格都很低。近年来，国家虽曾多次调整农产品的收购价格，并制定了最低保护价，但粮食价格的增长幅度始终赶不上涉农生产资料价格的增长幅度。由于整个国民经济增长对增加农产品需求的刺激作用不大，虽然个别农户的增产可以增加其收入，但在多数农户同时增产的情况下，农产品价格低的特性，又会造成“谷贱伤农”现象，最终还是无法有效增加农村贫困家庭收入。此外，还存在土地分散、农业生产科技含量低的问题。农业是国民经济的基础，更是农村经济的基础，农业的兴衰关系到农村经济的兴衰，农业生产的稳定发展对促进农村经济的发展至关重要。但是近年来，我国广大农村地区的农业发展受到诸多因素制约。土地分散，大型农业机械难以大规模推广；农业经营方式粗放，难以适应市场需求；青壮年劳力外流。同时，部分农村地区农业经营方式粗放，虽然广大农民对田地进行精耕细作，但是由于农村农产品市场体系不完善、市场信息不畅通、农业生产结构单一等为特征的粗放型农业经营方式的阻滞，农业经济效益上升缓慢，不能与市场体系正常接轨，制约了农村经济的发展。

2. 发展资源不足。武陵山片区是我国三大地形阶梯中第二级阶梯向第三级阶梯的过渡带，位于北纬27°10′~31°28′，东经106°56′~111°49′，是云贵高原的东部延伸地带，平均海拔高度在1000米，海拔在800米以上的地方占全境约70%。武陵山脉贯穿黔东、湘西、鄂西、渝东南地区，长度约420千米。武陵山脉是乌江、沅江、澧水的分水岭，主脉自贵州中部呈东北—西南走向，主峰梵净山高2494米。该地区气候属亚热带向暖温带过渡类型，平均温度在13℃~16℃之间，降水量在1100~1600毫米，无霜期在280天左右。

武陵山片区虽然气候环境适宜，降雨量充沛，适合多种农作物和经济作物生长。然而，崎岖不平的多山地形导致该区域耕地资源短缺，耕地质量差，土地利用低下，农业产业化困难，以传统农业为主，而且这些地区人均耕地不到一亩，远低于全国人均耕地1.4亩①，大多数都是山坡上的梯田和旱地，土地质量不高，不适于种粮，产量低而不稳，农民种植的作物只能自给自足，无法用于扩大再生产，限制了对耕地的投入能力。

3. 转型困难。在过去发展中，虽然武陵山片区已经取得了一定的扶贫成效，但后发力量薄弱，或待转变经济发展方式，武陵山片区面临着经济发展方式转变的难题。第一，经济发展方式转变缺乏内在驱动力。武陵山片区经济发展方式转变困难，这主要是由于产业结构不合理，第一产业比重过大，规模经济难以形成，产品附加值低，增值能力弱，且各地产业结构严重趋同，规模经济难以形成。第二，经济发展方式转变缺乏资金推动。资金支持有限，武陵山片区自身投入严重不足，农民的再生能力十分脆弱，导致地区经济发展十分迟缓，农民收入增长有限。第三，经济发展方式转变缺乏基

① 资料来源：重庆市扶贫办。

础设施支撑。武陵山片区地理位置偏远，基础设施建设不力，导致经济增长慢、产业规模小、建设成本高。第四，经济发展方式转变缺乏规模效应。合作平台缺失，“大扶贫”“主战场”的开发布局难于形成，彼此竞争远大于合作。第五，经济发展方式转变缺乏技术能力。目前武陵山片区无论是技术投入还是教育投入都远远不足，甚至经济增长中出现技术退步现象。第六，经济发展方式缺乏普惠能力。在过去的一段时间中，武陵山片区城乡差距明显拉大，社会发展方式也面临转型困境。

4. 发展方向局限。农产品产业化发展程度及市场化程度较低，支柱产业相对低端，产业链不完善。由于武陵山片区交通不便，信息闭塞，使得农业产业化覆盖的范围有限，产业规模化不足，产业链发展滞后，农产品集中在低端的生产环节，从武陵山片区各地的支柱产业来看，大都是以传统的烟草、能源、建材等初级产品产业为主，缺乏精深加工的高附加值农产品，关键技术、设备、管理、物流及营销等关键环节缺失，资源优势难以转换为经济优势，且资金支持有限。武陵山片区自身投入严重不足，农民的自力更生能力十分脆弱，导致地区经济发展十分迟缓，农民收入增长有限，经济发展方式转变缺乏资金推动力。地方财政的拮据，使得武陵山片区的政府投入十分有限、覆盖面小。与此同时，由于当地的交通条件闭塞，基础设施建设落后，市场狭小，劳动力素质不高以及综合经济发展环境较差等因素，很难吸引到发达地区的资本和企业进入，资金筹措困难。基础设施落后，武陵山片区地理位置偏远，基础设施建设不力，导致经济增长慢、产业规模小、建设成本高，经济发展方式转变缺乏基础设施支撑体系。从区域经济发展角度来讲，由于武陵山片区各地区远离所属省份的行政经济中心，受到的经济辐射和集聚效应较弱。

三、社会因素

从兜底保障对象的人群组成来看，他们属于老弱病残或因家庭变故、突发生活事故以及重大疾病而导致生活无法继续。他们家庭或生活中表现出来的明显特征是发展性资源匮乏、人口增速快、社会边缘化群体以及生活环境较差、基础设施不完善等。

1. 发展性资源匮乏。发展性资源是发展经济、改变家庭现状的重要支撑，没有足够的资源基础，兜底家庭难以依靠外部资源发展自身，改变兜底现状。兜底对象的生活集居地主要是在经济落后、社会资源缺乏的偏远山区，山区居住条件较差，经济发展速度缓慢，发展规模较小，没有吸引企业投资的有利资源或市场，而没有企业的带动，偏远地区无法得到更多的就业机会，无法从根本上改变贫困现状。兜底对象居住地区主要是以农业劳动为主，职业选择单一。在无法远离家庭外出务工的条件下，兜底对象在生活地区的工作选择性太低，由于生活地区的职业局限性，兜底对象很难通过自身劳动获取足够的经济报酬，改变家庭现状，基本只能选择从事第一产业，在家务农，以种庄稼为生，仅少部分劳动能力充沛的兜底对象，可以选择在附近做零工，取得的经济收入会高于务农收入，但总体而言，兜底对象的经济收入都不高，生活条件有限。兜底对象的人际关系网结构单一，来往的主要是有血缘关系的亲朋及好友，而其中具备丰富社会资源的基本没有，难以提供实质有效的帮扶。自身社会地位不高，易被社会主体忽视。兜底对象与社会地位较高、经济基础较好的社会人士接触的机会较小。兜底对象很难依靠丰富的人际资源，对家庭现状作出改变。由于单一的人际关系网，兜底对象无法得到广泛的社会性帮扶。这是发展性资源的缺失，也是兜底家庭发展有限的重要原因。

2. 人口增速快。与经济落后、增速较缓相反，贫困地区的人口增长速度较快。由于经济的长期欠发达，武陵山片区长期与主流社会脱节，而生活在保守、封闭的偏远山区，兜底对象保留了部分陈旧的传统观念，如“重男轻女”等传统思想，导致部分家庭养育的子女过多，而随着子女的成长，家庭的负担日益增大，经济收入开始难以维持正常家庭开销。很多兜底家庭原本生活条件良好，但无力负担日益增大的子女教育性支出，不可避免地陷入贫困，难以改变家庭现状。人口的大量增加，增加了地区基础设施的使用压力，对基础设施建设还不完备的偏远地区来说，地区人口总数的增加，增大了区域资源使用程度，也加快了设施的消耗。人口压力的日益增加，也是贫困地区基础设施服务有限的重要因素，基础设施的不完善、不充裕，也增大了兜底家庭摆脱贫困的难度，这更像是一个死循环。

3. 社会边缘化群体。兜底对象多生活在经济欠发达的偏远山区，远离经济快速发展的城市，难以在经济上紧跟发展节奏，地区经济的落后发展，也造成了地区边缘化。兜底对象的政治参与度较低、积极性不高，社会存在感不强，易被主流社会忽视，成为社会边缘群体，得不到社会广泛的关注与支持，可利用的发展性资源极其有限，社会共享性资源分配也得不到充分保障，对自身合理合法权益的维护，很难得到预想的效果。而某些权益的分配不当，或对偏远兜底对象的忽视，是兜底对象难以摆脱贫困现状的重要原因。

4. 基础设施不完善。公共投入与基础投入不足，教育性基础设施较差。兜底对象生活在社会基础设施较为落后的偏远山区，没有完善的教育性基础设施支撑，兜底对象的整体受教育程度偏低，近 95% 的兜底对象处于小学水平。文化水平的局限，造成兜底对象专业技能缺失，没有专业技能的支撑，兜底对象只能从事工作简单、报酬低廉的劳动，近 90% 的兜底对象只能选择在家务农或做零工，而农业收入受气候环境的影响较大，具有不稳定性，正常的农业收入仅能维持家庭的吃穿，无法满足家庭的正常开支，从而陷入贫困。贫困的生活现状也造成了兜底对象因家庭经济而无力支持子女上学，导致偏远山区适龄儿童失学、辍学率较高，青壮年文盲比例偏大，这也加深了兜底地区的贫困程度。完备的医疗卫生保健体系是有效劳动力的重要保障。偏远山区医疗保健设施有限，与经济发展较好地区的医疗设施差距较大，虽然在国家的政策支持下，贫困人口看病难的问题得到了一定的解决，但居住地的简陋医疗设施依旧给兜底对象的疾病治疗带来困难，疾病没有及时地治愈，会严重影响到兜底对象的生产生活，生产生活得不到有效的保障，家庭的经济收入也会变得极其有限。

四、历史因素

深度贫困的兜底对象由于大多生活在大山深处或人迹罕至的偏远地区，交通不便，与外界的沟通不畅，他们大多数依然留存和维持着传统的生活方式和生产理念，他们的贫困深受历史因素的影响。

1. 思想观念保守。长期受传统陈旧思想的影响，兜底对象难以形成创新性发展思维。武陵山片区属于偏远山区，以农业种植为主。思想上容易陷入懒惰状态，对生活慢慢失去激情，难以与时俱进，把握当下机遇，很多兜底对象终其一生也未能改变自己的家庭命运。

落后思想对偏远山区的影响，还涉及子女教育，很多贫困农村人口认为教育无用，认为大额的教育性支出得不到有效的回报，因而造成了“读书无用”等观点的蔓延。对教育资源本就不足的偏远山区来说，这种思想的蔓延容易使偏远山区学子产生厌学、弃学等心理，这是偏远地区教育水平偏低的重要原因。而没有足够文化水平支撑的劳动收入，无法让兜底对象从根本上走出贫困。

2. 生产方式落后。长期落后的生产方式，是兜底对象难以摆脱贫困的重要原因。偏远山区由于历史、地理、市场等因素影响，长期以发展第一产业为主，虽然如今的农业生产技术已远高于过去，但由于地域的局限，在农村地区依旧只能运用简单的农业生产方式进行小规模生产，可得到的经济报酬十分有限，依旧是在靠天吃饭。中国经济高速发展 40 年，也是中国贫富差距不断扩大的 40 年，农村每年收入不到 1 万元的家庭依旧不在少数。偏远山区的农业生产，受地域、经济、思想等方面的限制，难以进行规模化、标准化的生产，无法得到充足的劳动收入。

兜底家庭在生产方式上比较单一。由于生产技术、发展思想的局限，兜底家庭的经济来源主要是农业性收入，极少在其他产业上有所发展。无法实现多个产业的混合发展，就无法实现多元的生产结构。生产结构单一化，兜底对象很难获得更多的就业岗位，这也造成了兜底家庭经济收入的单一化、脆弱化。

3. 社会弱势群体。长期以来，偏远山区人口由于经济落后、文化程度不高、政治参与度较低等因素影响，始终属于社会最易忽视的弱势群体。在经济上，改革开放 40 多年以来，我国人民的整体生活水平提高了，但同时社会贫富差距也日益增大。在地区没有足够发展资源，以及农村人口自身没有发展优势的前提下，偏远农村地区的经济发展与城市之间还有不小的差距。在文化上，偏远山区的基础性设施不完善，教育性设施资源不够。偏远山区学子能够得到的教育性资源十分有限。教育水平的落后，导致偏远山区人民的思想跟不上时代步伐，传统小农思想比较浓厚。在生产技术上，偏远山区以农业生产为主，由于经济水平不高，地区环境复杂，很难运用现代化生产技术发展农业，仍采用生产效率低、资源消耗大的简单农业生产工具，难以形成标准化、规模化、现代化的农业生产方式。在科技上，兜底对象由于家庭收入偏低、自身文化水平不足的客观因素影响，对新媒体的购买与使用率较低，对时事政治的了解、参与度有限，无法及时与社会接轨，没有自身意愿表达的有效途径，偏远山区人口就更易被社会忽视。

偏远山区由于在经济、文化、生产技术、科技水平方面的落后，无法给地区生活人口提供充足的发展性资源，也就造成了兜底对象较为困难的家庭现状，逐渐成为社会弱势群体。在历史发展的长河中，偏远地区农村人口是国家最重要，也是最易被忽视的群体。这是兜底对象难以摆脱贫困的又一社会历史性因素。

五、自然因素

气候条件和资源条件对一个地区的发展至关重要。极端的气候条件“不但使工人不舒服，而且损坏了他们的健康，降低了出勤率、工作时间和效率”。[①] 重庆市武陵山片区地形复杂，溪流密布，山地众多；该区域属于亚热带季风气候，雨量充沛。特有的地形特征和气候特点导致该地区自然灾害频发、生态环境脆弱。同时，该区域地处祖国内陆，地理位置偏远，距离沿海经济发达地区较远，发展的区位优势不足。

1. 自然灾害频发。武陵山片区自古以来就是内接湖广，西通巴蜀，北连关中，各民族南来北往频繁的地区。武陵面积辽阔，是我国华中腹地，因其地区大部分地处武陵山脉而得名，地区内最大河流沅江流贯全境。区内聚

① ［瑞典］缪尔达尔．亚洲的戏剧——南亚国家贫困问题研究［M］．方福前，译．北京：商务印书馆，2015：59.

居着土家族、汉族、瑶族、苗族、侗族等民族。但其自然条件恶劣，也是造成有较多民政兜底家庭的一个要因。导致中国贫困地区贫穷落后的自然因素主要包括气候、地形地貌、地理位置等诸多方面。我国位于世界上最大的亚欧大陆，地势西高东低，大陆性季风气候显著，气候复杂多变。西部干旱少雨，南北气温相差较大，跨越热带、亚热带和寒温带三个气候带。大陆多台风，内陆多寒潮，西北、华北多沙漠。南方雨多泥石流多，河流雨季洪水多。全国灾害气候多，旱、涝、冻、风、沙等灾害频繁不断。贫困地区多处于自然条件差的区域，主要在西北、西南，呈块状、片状分布在高原、山地、丘陵、沙漠、喀斯特地貌等地区。这些地区或是干旱严重，降水量小又主要集中在夏季；或是地表水源不能利用，喀斯特地形地表水渗透严重；或是高寒阴冷，有效积温严重不足，不适合第一产业即农业的耕作；或是山高坡陡，水土流失严重、灾害频繁。大多数地区都较为偏僻，远离经济中心地区，交通受阻，地理位置十分不利，如果按发达地区的自然条件衡量，相当多地区都被认为是不适合人类居住。部分地区自然环境和资源条件的劣势，产生了农村群体贫困户。自然环境的恶劣是造成农村贫困的主要原因。在重庆农村的贫困人口中，有2/3是集中居住在这里。恶劣的自然环境，使农业产出率和农产品商品化程度很低。恶化的生态环境导致旱灾、风灾、水灾等自然灾害频发，致使这些地区的农村经济发展缓慢，增加农民收入的难度很大。贫困地区农村的自然资源日渐匮乏。多年来由于农村人口的过快增长，农业生产技术研发推广滞缓，农村经济的发展过多地依赖于农村资源的消耗。贫困地区土地资源中水源充足、排灌设施齐全的优质耕地面积小，大部分的耕地分布在干旱盐碱地和山区丘陵，土地质级差，产出量低。加之当今城市经济的发展，往往是以牺牲农村土地资源为代价，农村土地圈占补偿低，农业生产资料价格高，进一步加剧了农村贫困化趋势。

2. 地理位置偏远。武陵山片区属于云贵高原边缘地带，以喀斯特地貌为主，山石林立，山脉多褶皱和断裂。地理位置是制约其发展的重要因素。第一，地理位置偏远使得当地交通、通信等设施建设成本高，严重制约了公共基础设施的发展和与外界的信息交流，进而导致信息闭塞和教育不足，居民文化素质偏低、思想观念落后、小农意识严重。第二，山地地理环境制约经济发展。武陵山片区经济受到地理环境的影响较大，尤其是石漠化比较严重的地区农业发展受到了极大的阻碍，使得农业结构单一，效益低下，导致居民收入低且来源失衡，表现为年轻人外出打工收入较多，内生性经济收入缺乏，而与此相伴的劳动力流失、耕地荒废，以及留守妇女、老人和儿童等人口能力缺失成为当地突出的问题。

3. 生态环境脆弱。生态环境既是武陵山片区未来扶贫开发的优势资源，同时也存在不可回避的问题。武陵山片区面临着生态环境恶化和贫困长期存在的局面。武陵山片区山地生态系统长期承担着多样性资源输出与环境屏障的功能，生态环境的变化和当地剧烈的人类活动相叠加造成的自然与社会共生风险，使得山地生态系统具有高度脆弱性。武陵山片区生态环境脆弱导致灾害频发。贫困人群为了摆脱贫穷的困境，对生态环境资源开发利用过度和不当，导致植被破坏、土壤侵蚀和水土流失更加严重：水土流失和石漠化加剧了耕地数量和质量的下降，造成土地资源更加稀缺；同时脆弱的生态环境和密集的人类活动，导致自然灾害频发，使得原本脆弱的社会经济受到更加严峻的挑战。武陵山生态环境脆弱制约人们的生产生活。武陵山片区山地、林地多，耕地分散，且生产能力低，土地承载力较弱，粮食产量不高，诸多生态和资源条件严重制约着人们的生产生活，导致贫困的发生和长期存在。

第四节　小　　结

重庆市武陵山片区贫困状况具有明显的地域特征。第一，贫困面广量大，贫困程度深。2001～2010 年，武陵山片区共确定 11303 个贫困村，占全国的 7.64%。片区 71 个县（市、区）中有 42 个国家扶贫开发工作重点县，13 个省级重点县。部分贫困群众还存在就医难、上学难、饮用水不安全、社会保障水平低等困难。第二，基础设施薄弱，市场体系不完善。片区内主干道网络尚未形成，公路建设历史欠账较多，水利设施薄弱且严重老化，电力和通信设施落后。区内仓储、包装、运输等基础条件差，金融、技术、信息、产权和房地产等高端市场体系不健全。产品要素交换和对外开放程度低，物流成本高。第三，经济发展水平低，特色产业滞后。缺乏核心增长极，缺乏具有明显区域特色的大企业、大基地，产业链条不完整，没有形成具有核心市场竞争力的产业或产业集群。第四，社会事业发展滞后，基本公共服务不足。教育、文化、卫生、体育等方面软硬件建设严重滞后，城乡居民就业不充分。第五，中高级专业技术人员严重缺乏，科技对经济增长的贡献率低。第六，生态环境脆弱，承载能力有限。片区平均海拔高，气候恶劣，旱涝灾害并存，泥石流、风灾、雨雪冰冻等灾害频发。部分地区水土流失、石漠化现象严重。发展与生态保护矛盾尖锐，产业结构调整受生态环境制约大。第七，区域发展不平衡，城乡差距大。重庆市武陵山片区各区县之间存在不同程度的发展差距。

武陵山片区发展尽管存在不少困难，但也有一些难得的机遇：一是党中央、国务院高度重视区域协调发展，就西部大开发、扶贫开发作出了一系列战略部署，明确了加快贫困地区发展的总体思想、基本思路和目标任务，极大地激发了贫困地区各族群众脱贫致富的积极性、创造性。二是国家以加快转变经济发展方式为主线，大力推进区域生产力布局调整和产业结构优化升级，为片区承接东部地区和中心城市产业转移、促进特色优势产业发展提供了机遇。三是在多年的发展实践中，片区内各级政府和群众形成了区域协作发展的共同意愿，开展了相关探索，积累了一定经验，为加快片区发展奠定了基础。四是随着综合国力显著增强，国家有能力、有条件加大对连片特困地区的扶持力度。

加快武陵山片区区域发展，加大扶贫攻坚力度，有利于贫困人口整体脱贫致富，有利于缩小地区发展差距，有利于推动多民族交流与交往，有利于保障长江流域生态安全，有利于深入推进西部大开发和促进中部地区崛起；对促进各民族共同繁荣发展和社会和谐、促进区域经济协调发展、促进生态文明建设和可持续发展，对深入探索区域发展和扶贫攻坚新机制、新体制和新模式，为新阶段全国集中连片特殊困难地区扶贫攻坚提供示范，实现国家总体战略布局和全面建设小康社会的奋斗目标，具有十分重要的意义。

第三章　重庆市武陵山片区民政兜底的政策实践

为进一步加快贫困地区发展，促进共同富裕，实现到2020年全面建成小康社会奋斗目标，中共中央、国务院印发《中国农村扶贫开发纲要（2011－2020）》（2011）作为我国扶贫开发工作的纲领性文件。《中国农村扶贫开发纲要（2011－2020）》（以下简称《扶贫开发纲要》）在肯定了我国扶贫事业取得巨大成就的同时，指出我国的扶贫开发是一项长期的历史任务，扶贫对象规模大，相对贫困问题凸显，返贫现象时有发生，贫困地区特别是集中连片特殊困难地区发展相对滞后，扶贫开发任务仍十分艰巨。为了使贫困人口尽快脱离贫困，要坚持开发扶贫的工作方针，实行扶贫开发与农村最低生活保障制度的有效衔接，鼓励和支持具有劳动能力的贫困对象通过自己的努力实现脱贫致富，对于完全或部分丧失劳动力的贫困人口，进行救济扶贫，保证他们的基本生活需求。此外，《扶贫开发纲要》还确定了扶贫脱贫工作的基本原则、总体目标。

2015年11月29日，习近平总书记在中央扶贫开发工作会议上指出："我们要立下愚公移山志，咬定目标、苦干实干，坚决打赢脱贫攻坚战，确保到2020年所有贫困地区和贫困人口一道迈入全面小康社会。"为了确保2020年实现农村贫困人口脱贫，实现全面建设小康社会的重要任务，中共中央、国务院颁布了《关于打赢脱贫攻坚战的决定》（以下简称《决定》），用于指导扶贫、脱贫工作。《决定》指出，要使建档立卡贫困人口中的5000万人左右通过产业扶贫、转移就业、易地搬迁、教育支持等措施实现脱贫，其余完全或部分丧失劳动能力的贫困人口通过实行农村最低生活保障制度实现兜底脱贫。加大农村低保省级统筹力度，低保标准较低的地区要逐步达到国家扶贫标准，制定农村最低生活保障制度与扶贫开发政策有效衔接的实施方案。加强农村低保申请家庭经济状况核查工作，将所有符合条件的贫困家庭纳入低保范围，做到应保尽保。建立农村低保和扶贫开发的数据互通、资源共享平台，实现动态监测管理、工作机制有效衔接。完善城乡居民基本养老保险制度，适时提高基础养老标准，引导农村贫困人口积极参保续保，逐步提高保障水平。有条件、有需求的地区可以实施“以粮济贫”。

“十三五”期间（2016～2020），我国还制定了农村扶贫开发条例，为农村扶贫工作提供顶层设计，保证顺利实现全面脱贫的目标。

重庆市有7个区县位于武陵山片区，是武陵山片区精准扶贫的重要组成部分。为了更好地统筹各方资源、实现省（市）际联动，细化武陵山片区精准扶贫工作，国务院扶贫办、国家发展改革委印发了《武陵山片区区域发展与扶贫攻坚规划（2011－2020年）》（以下简称《规划》），《规划》按照“区域发展带动扶贫开发，扶贫开发促进区域发展”的基本思路，把集中连片的扶贫攻坚和跨省合作协同发展有机结合起来，明确了片区区域发展与扶贫攻坚的总体要求、空间布局、重点任务和政策措施，是指导片区区域发展和扶贫攻坚的纲领性文件。

重庆市针对扶贫脱贫工作，出台了“1＋N”精准脱贫系列文件，即一个全面推进脱贫攻坚的文件《重庆市农村扶贫条例》（2010），加上若干个配套文件，帮助贫困群众“兜底线”，完善农村社会保障和救助体系，加强医疗卫生扶贫、低保五保救助扶贫、养老保障扶贫，不折不扣地落实中央对贫困人口的救助救济政策，让完全或部分丧失劳动能力的贫困人口不愁吃、不愁穿，住有所居、病有所医，织密织牢社会保障网，兜住基本生活底线。《重庆市农村扶贫条例》结合重庆市的市情和实际，规范农村的扶贫活动，从而促进农村贫困地区及贫困人口脱贫致富，推进统筹城乡改革和发展，《重庆市农村扶贫条例》的内容包括扶贫对象、扶贫措施、项目管理、资金管理、社会扶贫、法律责任等，坚持开发式扶贫方针，遵循政府主导、社会参与、自力更生、综合开发、持续发展的扶贫原则，通过扶持产业发展，完善贫困地区基础设施，改善农村生活条件和教育、医疗卫生条件，提高人口素质等方式，完成扶贫脱贫的总体目标。为了促进贫困地区内生增长和贫困地区人口的脱贫致富，重庆市编写了《重庆市扶贫产业发展规划》(2012)，在深入分析重庆市产业扶贫发展特点和经验的基础上，根据国家扶贫攻坚片区开发的重大思想转变，提出重庆市扶贫产业总体规划，系统设计武陵山片区和秦巴山区的产业规划。此外，中共重庆市委、重庆市人民政府认真贯彻落实习近平总书记关于贫困开发的重要讲话精神，出台《关于精准扶贫精准脱贫的实施意见》(2015)，确保贫困地区脱贫致富，全面建成小康社会，实施精准扶贫和精准脱贫。

第一节　重庆市武陵山片区精准扶贫与民政兜底的政策实践

重庆市武陵山片区的区域范围包括7个区县，它们分别是：黔江区、酉阳土家族苗族自治县（以下简称酉阳县）、秀山土家族苗族自治县（以下简称秀山县）、彭水苗族土家族自治县（以下简称彭水县）、武隆区、石柱土家族自治县（以下简称石柱县）、丰都县，人口总计334.5万人（如表3－1所示）。自2013年起，重庆集中力量抓好该片区高山生态扶贫搬迁，累计安排市级以上专项资金18亿元，搬迁安置21.9万人。重庆市武陵山片区各区县在国家精准扶贫大政方针的指导下，按照重庆市下达的具体扶贫要求，根据自身的特点和区情、县情，发挥各自优势，探索适合本区发展的扶贫措施，努力实现限时脱贫。

表3－1　　2015年重庆市武陵山片区各区县常住人口汇总

地区	常住人口（万人）	面积（平方公里）
黔江区	46.20	2402
酉阳土家族苗族自治县	55.65	5168
秀山土家族苗族自治县	49.13	3014
彭水苗族土家族自治县	50.64	3897

续表

地区	常住人口（万人）	面积（平方公里）
武隆区	34.67	2892
石柱土家族自治县	38.65	3014
丰都县	59.56	2899
合计	334.50	23286

资料来源：重庆市统计局。

一、黔江区扶贫政策概要

为了适应新时期、新阶段精准扶贫工作的新要求，有效地解决扶贫工作中出现的底数不清、目标不准、效果不佳的问题，黔江区政府、扶贫办发布了一系列的扶贫政策，并编制《黔江区精准扶贫到户政策汇编》,[①] 加强对扶贫政策的宣传力度。

（一）教育资助政策

教育资助政策覆盖所有年龄段、各个层次的困难学生，从而为他们提供一个良好的学习环境。

（1）学前教育。学前教育的资助项目主要有保教保育费和生活费，保教保育费主要是按物价部门核定的就读幼儿园收费标准进行补助，收费标准高于 150 元/人·月的，按每生每月 150 元进行补助，低于 150 元/人·月的，按实际收费标准进行补助，全年按 10 个月计算；生活费按每人每天 3 元进行补助，全年按 220 天计算。

（2）义务教育。对义务教育的资助体现在两个方面：一是营养改善计划补助，对在校学生按照在校天数提供营养膳食补助，标准是 4 元/人·天，贫困生一年可得到 800 元左右的资助；二是贫困寄宿生生活补助，生活补助的标准是初中 5 元/人·天，小学 4 元/人·天，每学期按 125 天进行补助，

① 重庆市黔江区人民政府，https：//www.qianjiang.gov.cn/。

即初中 625 元/人・期，小学 500 元/人・期。

（3）普通高中。对在普通高中就读的家庭经济困难学生发放助学金，分两个档次进行资助，即每生每期 750 元、1250 元。每学年开学时由学生向学校提出书面申请，并提交如城乡低保证、建卡贫困户、孤残儿童等相关证明材料，经学校初审后纳入学校贫困生数据库管理，待资助资金下达后，对城乡低保户、建卡贫困户、孤儿、残疾等家庭经济困难的学生实行优先资助，对其他家庭经济困难的学生，实行班级民主推荐和学校结合贫困学生家庭经济困难情况综合评定拟资助对象。实行减免学费政策，对建卡贫困户和低保家庭就读普通高中学生实行减免学费，每生每期 800 元。

（4）中职教育。资助项目及标准如下：

①免学费。对就读中职类院校的学生减免学费（艺术类相关表演专业学生及未按中等职业技术学校教学安排参加实训的学生不纳入资助范围）。免学费资助标准为每生每年平均 2000 元。

②住宿费资助。住宿费资助对象为一、二年级家庭经济困难学生，学生因退学、休学、转学、重读等，累计资助不得超过 2 年。住宿费资助标准为每生每年 500 元。

③生活费资助。生活费资助对象为一、二年级涉农专业学生，重庆市集中连片贫困地区学校的学生和其他家庭经济困难学生。生活费资助标准为每生每年 2000 元。

④黔江籍中职学生生活费补助。具有黔江户籍的一、二年级中职学生每生每年享受 500 元生活补助。

（5）高等教育。

①生源地信用助学贷款。申请贷款的对象是经全日制普通本科高校、高等职业学校和高等专科学校（学校名单以教育部公布的为准）正式录取，取得真实、合法、有效的录取通知书的家庭经济困难的本专科学生、研究生和第二学士学生（高校在读学生当年在高校获得了国家助学贷款的，不得同时申请生源地助学贷款）。在就读大学期间由国家贴息，毕业当年 9 月 1 日起由学生自付利息。

②扶贫资金资助贫困大学生。对黔江籍建卡贫困户当年被重点本科或

本科二批院校正式录取的应届高中毕业生提供3000~4000元的一次性助学资助。

（二）医疗救助政策

（1）设立农村扶贫小额保险，对因外来的、非本意的、突发的意外伤害（如交通事故、摔倒、狗咬、蜂蜇、高空坠落、溺水等）导致的死亡、残疾、意外Ⅲ度烧伤和因意外伤害而造成的身故或产生的医药费用的保险保障，保障的标准是每人36000元，其中意外伤害身故保障30000元/人·年，意外医疗保障6000元/人·年。

（2）设立大病医疗补充保险，对居民医保基金报销后的自付费用超过一定额度（即"起付标准"）的医疗费用，首次或累计超过起付标准以上的，保险公司承担保险责任，按分段赔付比例给付保险金。2015年起付标准为1.2万元/人。1.2万元至5万元（含）按40%比例给付；5万元至10万元（含）按50%比例给付；10万元至20万元（含）按60%比例给付；20万元以上按70%比例给付。保障标准为20万元/人·年，保费金额为18元/人·年，由区扶贫办统一解决。

（3）实行困难群众医疗救助，对重点救助对象、低收入救助对象以及因病致贫家庭重病患者进行救助。救助的方式分为四种。一是资助参保，从2016年起，医疗救助对象参加一档城乡居民合作医疗保险，应缴纳的个人参保费用，对重点救助对象给予全额资助，对其他对象按80元/人·年标准给予资助；对自愿参加二档城乡居民合作医疗保险或城镇职工医疗保险的，统一按每人每年100元标准给予资助。超过资助标准的个人应缴参保费用由救助对象自行负担。二是普通疾病门诊医疗救助。对城市"三无"人员、农村五保对象、城乡低保对象中需院外维持治疗的重残重病人员、80岁以上的城乡低保对象，其普通疾病限额门诊救助标准为每人每年300元；对限额门诊救助对象以外的城乡低保对象和城乡孤儿、在乡重点优抚对象，其门诊救助年封顶线为每人每年200元。三是普通疾病住院医疗救助。对重点救助对象的普通疾病住院医疗救助比例为70%，对其他救助对象的普通疾病住院医疗救助比例为60%。四是重特大疾病医疗救助。因病致贫家庭重病患者重特大疾病医疗救助中的特殊病种医疗救助和大额费用医疗救助，在医疗费用经医疗保险报销后，属于医疗保险政策范围内的自付费用，按 50% 的比例救助。

（4）设立农村贫困医疗救助基金，对已由居民合作医疗保险、大病医疗救助、民政医疗救助、商业保险报账后，个人合作医疗保险政策范围内仍需自付较重的费用再进行救助。救助标准为 1000 元以上及 5 万元以下的部分，按 70% 救助；5 万元以上及 10 万元以下的部分按 80% 救助；10 万元以上的部分按 90% 救助。

（三）社会保障兜底政策

（1）黔江区民政局印发《关于转发市民政局、市财政局、市扶贫办关于农村低保标准与扶贫标准“两线合一”发挥低保兜底作用的通知》，将农村低保标准与扶贫标准“两线合一”，从 2015 年 10 月 1 日起，全区农村最低生活保障标准为 230 元/人・月，与扶贫标准持平。纳入农村低保的扶贫对象的低保金，按照家庭人均收入与农村低保保障标准的差额确定，并按月打卡发放。

（2）实行扶贫搬迁政策，对居住在高寒边远山区的农村建卡贫困人口实行扶贫搬迁，对受泥石流、滑坡等地质灾害威胁的建卡贫困人口优先实行搬迁。建房标准人均不超过 25 平方米，对按照“一户一宅”方式安置的，可采取预留续建空间等办法，待搬迁对象自身经济条件改善后自主决定是否扩建，坚决防止盲目攀比扩大住房面积。继续实行差异化的建房补助政策。从 2016 年起，一是建卡贫困户建房补助由按户补助调整为按 1 万元/人补助；二是对深度贫困户继续实行对口兜底搬迁。

（四）产业扶贫政策

设立产业发展扶贫基金，从区财政预算中拿出固定的部分作为产业发展扶贫基金，并将基金划拨到各乡镇，然后由乡镇街道统筹补助到户产业发展上，同时，贫困户可以以扶助基金、农房等入股合作社，通过务工、分红等增加收入。发展乡村旅游，对有意愿发展乡村旅游的贫困农户给予一定的资金支持与补贴，补贴标准为 3 万元/户。加强对贫困户的农业技能培训，印发《黔江区培训就业精准扶贫实施方案》，对种植业生产服务人员、兽医服务人员、渔业生产服务人员、农机服务人员、农业经营管理和农村社会管理人员、涉农企业从业人员等进行农业实用技术的培训，提高他们的农业技术技能，提高农业生产率；开展定点培训、订单培训、委托培训、定向培训等专一性培训，实现转移就业；开办“农家课堂”，邀请农业技术专家开展农村实用技术培训，帮助贫困户劳动力掌握 1 ~2 门农业生产技术，实现有效的农业生产；对有能力实现自主创业的贫困户进行就业创业培训，提升他们的在岗和创业技能。拓展就业岗位，鼓励和动员贫困劳动力于当地的种植养殖大户、涉农企业等处就近就地就业，举办贫困农民工专项就业推荐会，帮助贫困劳动力寻找更多的就业岗位，实现就业；同时，将目光投向区外、市外劳动密集型企业，推荐贫困劳动力就业；加大对贫困家庭高校毕业生和职校毕业生就业创业的扶持力度，避免贫困的代际传递。实施扶贫小额信贷，印发《黔江区扶贫小额信贷试点工作的实施意见》，对区内符合条件的建卡贫困户实行小额贷款利率优惠政策；根据信用评级和实际需要，建卡贫困户可以申请 5 万元以下、期限为 3 年以内的信用贷款；对按时还本付息的建卡贫困户，财政扶贫资金按照不高于同期贷款的基准利率给予有限贴息。

（五）危房改造和高山生态扶贫搬迁政策

危房改造和高山生态扶贫搬迁政策以“最贫困群众、最危险房屋”为主要对象，优先解决分散供养五保户、低保户、建卡贫困户、贫困残疾人家庭和其他贫困户的居住安全问题，禁止有多处房产户、有非农用性车辆户、财政供养人员、缴纳个税人员、注册有企业资本金大于 10 万元人民币人员等对象享受补助资格。

黔江区始终坚持把高山生态扶贫搬迁作为建设渝东南中心城市、全面建成小康社会的重要抓手和最大的扶贫工程、民生工程来抓。在全国首创兜底扶贫搬迁模式，兜底扶贫搬迁斩断了“穷根”。身处高山的深度贫困户不需要出一分钱，政府免费为其修建房屋、置办家具、购买生活用品等，只需拎包入住。此举得到了社会广泛好评，为如何做好高山生态扶贫工作进行了有益探索。

在推进高山生态扶贫搬迁的过程中，黔江区发现众多深度贫困户，即使得到3万元的政府补助也无力修建房屋，存在生态扶贫搬迁“搬富不搬穷”这一难题。

为攻克深度贫困户这一扶贫开发的“硬骨头”，让这部分贫困户斩断“穷根”，从根本上改变贫穷落后窘境，充分沐浴党和政府的阳光雨露，黔江区积极探索创新，在全国首创了独具黔江特色的兜底扶贫搬迁，深度贫困户不需要出一分钱，政府免费为其修建房屋、置办家具、购买生活用品等，深度贫困户只需拎包入住。

黔江区采取四步法，实行兜底扶贫搬迁，保证了兜底户脱贫。

第一步，甄别帮扶对象。将居住在深山峡谷、高寒边远地区，以及因残、因病、因灾等因素造成生活特别困难的农户作为重点帮扶对象，通过村社推荐、乡镇审定、区扶贫办核实等程序，确定深度贫困户为兜底户。

第二步，规划建好房屋。由对口帮扶部门与村干部、农户一起，根据家庭人口等因素，制定搬迁地点、方式、时限、建房规模等帮扶规划，采取自建或代建的方式帮助兜底户修建一栋80平方米左右的砖混结构房屋。

第三步，完善室内设施。确保水、电等基础设施安装到位，配备厨房、卧室等的生活用品，保证每户有1台电视机，让被帮扶户可直接入住。

第四步，加强后续帮扶。落实低保、残疾人救助等社保政策，保障病残等搬迁户基本生活；在产业发展资金、项目规划以及扶贫培训上给予倾斜，让兜底搬迁户真正“留得住、逐步能致富”。

兜底搬迁扶贫是黔江区在武陵山片区扶贫的一个创新，也是国内高山生态扶贫模式的有益尝试。黔江区实施的兜底搬迁，使高山扶贫方式出现了四大转变。第一，由粗放式向精准式转变。过去，黔江区实施的扶贫模式是粗放型的“重安排、弱管理、轻绩效”。如今的扶贫模式是问计问需于民，即以贫困村、贫困户精准识别为前提，集聚人力物力财力实施精准帮扶，完善贫困户贫困人口精准管理机制，创新开展“一对一”兜底扶贫搬迁，增强扶贫的可行性、有效性和精准性，切实做到扶真贫、真扶贫。第二，由单一式向复合式转变。以构建城乡统筹综合扶贫开发示范区为总体目标，强化精准扶贫攻坚举措，在具体实施中，把连片扶贫开发作为攻坚主要推手。第三，由资金分散向整合扶贫转变。加大行业扶贫和社会扶贫的攻坚力度，改变专项扶贫“一枝独秀”的格局，按照“渠道不乱、用途不变、各记其功、各负其责”的原则，统筹资金支持贫困地区基础设施、产业发展、改善民生和生态环境等内容，实现“以规划为统揽、有效解决资金瓶颈制约”的局面。第四，由输血式向造血式转变。把贫困户增收致富作为攻坚重点，提高“雨露技工”培训的针对性和有效性，让贫困人口掌握实用技术，在融资、土地流转、创业指导、就业等方面给予鼓励和政策支持，提高贫困户自我发展能力。大力实施扶贫项目，发展猕猴桃、生态蔬菜、中药材、黄牛养殖等特色产业，推进“造血式”扶贫开发。兜底扶贫搬迁，让深度贫困户获得了实惠，改变了他们的生活境况。

（六）黔江区低保兜底政策实践中的问题与建议

低保政策是社会保障兜底扶贫的最重要基础和手段。随着低保政策的日益完善，低保越来越成为最贫困人口的最重要生命线，是保障兜底对象生存最重要的支持力量。我们在对重庆市黔江区为期 7 天的调查，走访 5 个乡镇 20 个行政村，完成 159 份问卷的基础上，调查发现重庆市黔江区低保政策存在低保扩大化、低保福利化、低保依赖症、低保与村民发展四大问题，并针对实际提出解决该问题的四大办法。即：严格低保准入标准，防止低保扩大化；完善低保监督机制，杜绝低保福利化；规范低保退出机制，抑制低保依赖症；大力发展农村产业，解决村民发展问题。

经过课题组的调研，发现重庆市黔江区低保政策存在四大问题：

1. 低保扩大化问题。重庆市黔江区低保政策在 2015 年严格大清查以及大数据比对后，基本清退了不满足条件的低保对象；在精准扶贫背景下，为了实现低保线与贫困线“两线合一”，为实现应保尽保，低保没有了名额限制。但是在政策具体执行过程中，部分乡镇干部对“凡共同生活的家庭成员年人均收入低于当地农村低保标准的，以家庭为单位申请低保”这一政策存在异议；也存在政府工作人员不依赖、不相信、不遵循低保政策严格进行低保评定，存在一种村组内“整体比较定名单、村民表决定低保”现象，导致部分不符合政策标准的人进入了低保体系，部分可评可不评的贫困户（不符合低保标准）被纳入了低保。2017 年低保名额扩大了 50%。而具有相同情况的部分贫困户又因为“以家庭收入、财产作为主要指标评估家庭贫困程度”不满足条件而没有被纳入低保，由此村民对政策产生抵触，对基层干部产生抵触。

2. 低保福利化问题。低保福利化问题表现在三个方面。一是低保政策捆绑了大量其他优惠政策，特别是医疗救助方面。在调查过程中发现，部分低保对象主要是想用低保政策来解决医疗保障问题。而且当地政府在执行低保政策过程中，也会考虑对医疗有需求的人。二是部分村民存在一种“到了 60 岁、70 岁就可以享受低保，就应该享受低保”的意识，通过低保金 + 养老金来解决养老问题，在调研中发现了大量老人享受低保现象。三是存在农村中子女不赡养老人，老人通过去政府“跳”来获取低保指标，以此解决年老而带来的医疗、生活收入上的问题。而这种现象又进一步导致农村子女不愿意负担父母的养老，并在当地出现效仿现象，破坏传统的孝道、养儿防老文化，违反《中华人民共和国老年人权益保障法》，把本应该履行赡养老人的义务或责任转嫁给政府。

3. 低保依赖症问题。一是长期占用低保名额。在调研中发现，获得低保五年以上的占 39%，八年以上的占 12%。二是低保养懒人现象。在调研的各村，均存在有极少人得到低保之后，不干活，打麻将、喝酒，把拿低保作为自己不劳动、不工作的保障。三是不交医保争低保现象，以及过度医疗现象。疾病是主要致贫原因之一，但部分村民为节省缴纳新农村合作医疗的钱而脱离社会医疗保险的保障，当生病特别是患有重大疾病之后，就强烈渴望得到低保，以此来解决医疗保障问题；享受低保的人，本来很小的病也要求住院治疗，问其原因，低保对象住院报销的比例比门诊高 20%，导致“越住得久越划得来”心理。

4. 低保与村民发展问题。一是低保存在“撒胡椒面”现象。该重点保障的对象只能得到低标准的补助，不完全符合标准的对象也得到低标准的低保补助。二是扶贫资金的投入中低保和易地扶贫搬迁占了大头，差异化补助不能满足具有一定发展能力村民的脱贫需求。三是调研中发现一个村民小组中50%的人都享受低保，部分村组存在运用低保政策解决部分有劳动能力的“光棍”生活的现象。

以上问题的存在对低保政策更好惠及社会最底层人口具有一定的挑战，为此应极力杜绝不良现象，完善政策体系，具体建议如下：

1. 严格低保准入标准，防止低保扩大化。一是在执行“以家庭收入、财产作为主要指标”的同时也要“考虑家庭成员因残疾、患重病等增加的刚性支出”综合评估家庭的贫困程度。二是坚持一户一审。严格按照低保申请标准进行审核，坚决杜绝从全村或者全组整体的情况来定低保标准，而应该从每一户自己家庭具体的收入来确定是否满足低保标准。三是低保的最后审定应该是在乡镇一级，在村组一级应该只是核定申请人家庭贫困真实性并对其家庭状况作客观描述。

2. 完善低保监督机制，杜绝低保福利化。一是落实最低生活保障是保障社会最底层人口最低生活需求的制度安排，进一步强调其生活保障的作用而不是医疗保障的作用。在低保评定过程中应该严格区分申请对象的生活需求与医疗需求，防止生活兜底替代医疗兜底，做政策的简单重叠。二是继续加大政策宣传力度，特别是对农村老人进行政策宣讲，让他们认识到低保不是年老就应该获得。三是严格执行以家庭为单位进行申报的制度，严格执行《中华人民共和国老年人权益保障法》，对有义务赡养老人的人应该加强教育和监督。

3. 完善低保退出机制，抑制低保依赖症。一是鼓励发展、实行动态监控。严格执行低保动态审核机制，在政策执行过程中，对有利于其生产、生活发展的设备设施的购买和使用进行甄别，鼓励低保对象自身发展。二是建立低保诚信制度。低保申请时，低保部门应严格查核其财产收入情况，未如实申报收入和财产情况的，经查实应取消低保资格并追回补助金，并将其列入重点监控名单。深化低保定期复核制度。已申请到低保待遇的低保对象，应定期向当地低保管理部门申报其财产、收入、就业情况，低保管理部门定期对其财产、收入、就业情况进行复核，如果发现低保对象已经脱困，应及时主动为其办理退出手续。低保对象财产、收入、就业情况申报情况不实或拒绝申报的，暂停其低保待遇直到其按实申报为止。三是推进低保人群义务劳动制度。符合低保要求的，在就业年龄内有劳动能力且尚未就业者，应当参加其所在社区组织的公益性社区服务劳动。连续多次无故不参加公益性劳动的，取消低保待遇。减少“拿着救济混日子”的现象，以及一些有经济来源却骗取低保金的情况。四是完善低保工作的监督体系。积极发挥政府、群众、媒体的监督作用，确保低保工作的公开化、透明化。引入社区事务听证制度，让社区群众积极参与到包括低保工作在内的社区工作事务中，有效发挥社区群众的监督职能，为社区各项工作的执行落实提供更多参考依据和有力的监控手段。

4. 大力发展农村产业，解决村民发展问题。一是加快基础设施建设进度，增强贫困地区发展能力。尽快对村一级的生产、生活道路进行平整、硬化，这是产业发展最基础的条件；尽快解决部分村组饮水问题，特别是长年缺水地区；做好网络入户工作，特别是对有需求的低保户家庭应该给予网络支持，在费用方面予以支持和减免，链接农村淘宝资源，变农作物为经济作物。二是大力发展农村产业。产业扶贫是解决低保户在部分村组大量存在的重要手段。引进农业产业，因地制宜发展经济作物，营造市场氛围，给予产业发展政策扶持。

二、酉阳县扶贫政策实践①

酉阳县是以土家族、苗族为主的少数民族自治县，属于国家扶贫开发工作重点县，是重庆市“四个深度贫困县”（酉阳县、城口县、巫溪县、彭水县）之一。

1. 产业带动一批。制定《特色效益农业产业扶持办法》，催生贫困户的脱贫内动力，鼓励贫困户因地制宜发展特色产业，同时对发展特色农业的贫困户给予2000元/户的资助。酉阳县建立了以和信农业为龙头的青花椒产业，以润兴木业为龙头的山羊产业，以琥珀油茶、英棋油茶为龙头的油茶产业，以华武制药为龙头的中药材产业以及以毛坝、黑水、木叶为重点的高山

① 重庆市酉阳土家族苗族自治县人民政府，http：//www. youyang. gov. cn/Index. shtml。

蔬菜、高山避暑纳凉乡村特色旅游，加大产业扶贫力度，帮助贫困农民脱贫致富。安排专项资金，大力支持农业龙头企业、专业合作社、家庭农场等涉农企业和组织，并通过保险扶贫、培训扶贫、电商扶贫、社会扶贫以及整村脱贫和片区开发等因地制宜、因人制宜的方式实施扶贫开发，让产业效益惠及所有贫困户。

2. 搬迁安置一批。酉阳县打造了102个集中安置点，对居住在偏远高山地区的贫困户采取集中安置的方式进行扶贫，引导居住在深山的农户搬进了毛坝群贤居、木叶避暑纳凉新村、黑水大全桃花谷等集中安置点，让贫困户共享发展旅游产业带来的红利。此外，对集中安置点建房和分散搬迁安置的贫困户实施补助，补助标准为：集中安置点建房按8400元/人，分散搬迁安置按10000元/人实施补助。

3. 资金支持一批。如何让有限的扶贫资金落到实处、用到好处？酉阳县探索新的金融扶贫模式，采取“改补为贷”“改补为借”的形式，帮助有创业意愿的贫困户解决资金问题。“改补为贷”是指将一定的财政涉农资金和扶贫资金注入国有担保机构，引导银行放大10倍以下信贷额度，对建卡贫困户和涉农涉贫经营主体分别给予5万元和1000万元以下的融资贷款；“改补为借”就是设立贫困户产业到户借款基金，专门为暂时不符合“改补为贷”和金融准入条件的，又急需项目发展启动资金的建卡贫困户提供1万元以下的借款。同时，建立起“政府+担保+银行+保险”四方联动机制，形成“保险公司担保70%，担保公司担保25%，银行担保5%”的风险共担体系。“改补为贷”和“改补为借”的金融扶贫形式，变生活性帮扶为生产性帮扶，改救济性帮助为资本性帮助，构建起新型的农村扶贫金融体系，培育了诚信金融生态环境，促进了产业扶贫的发展。

4. 教育资助一批。对贫困家庭学生进行资助，学前教育2160元/人，小学阶段寄宿生1000元/人，初中寄宿生1250元/人。按期兑现幼儿、小学、初中、高中（中职）阶段的贫困户教育扶持和考上国家统招高校并就读的贫困家庭学生（包括本科、专科、高职）资助政策，全面统筹扶贫、民宗、妇联、共青团、工会、教委等教育扶持资源，对贫困学生进行一次性的资助，做到应扶尽扶。实施职教帮扶计划，设立贫困女童职业教育帮扶基金，对贫困女童发放500元/月·人生活补助，直到两年学业结束，并跟踪帮扶直至顺利就业。

5. 兜底保障一批。“低保兜底”是根本，是扶贫的最后一道屏障，对于家庭特别贫困的农户，要做到应兜尽兜、兜住兜牢，保障贫困群众的基本生活。一方面，对“正在治疗”和“因病负债”的贫困群众给予救助，让生病者看得起病，让负债者还得起债，解决他们的医疗负担。另一方面，实现扶贫线和低保线“两线合一”，对无劳动能力的贫困户进行兜底，对贫困家庭收入月人均不足230元的补足230元。在全县精准扶贫和兜底保障的过程中，酉阳县成立3个督查组，筛选具有丰富工作经验的机关干部到村（社区）开展兜底扶贫，制定《兜底扶贫工作及联户工作方案》和《兜底扶贫工作干部管理办法》等，强化管理考核，开展家庭经济状况的核查对比，做到公开公平公正。同时，坚持动态监管，兜底要精准，利用信息系统和互联网，检查兜底工作开展情况，采取跟踪督查、随机抽查、定点检查等方式，深入村、组、户进行督查。

6. 医疗救助一批。为贫困户和贫困人口购买人身意外伤害保险和大病医疗补充保险，标准为70元/户·年和18元/人·年。

三、秀山县扶贫政策措施[①]

1. 创新养老模式，强化养老机构安全管理。近些年来，秀山县民政局通过一系列的政策措施，改进和完善传统的养老模式，真正实现了老有所学、老有所乐、老有所为的精神养老新模式。自从2015年重庆市首个全国老年远程教育实验区落户秀山以来，以敬老院为依托，秀山县民政局经过几年的努力，在全县25个敬老院设立了远程教育终端站，实现了远程教育平台全覆盖，预示着秀山县的养老模式上了一个新的台阶，老年人足不出户就能够轻松地学习到自己感兴趣的事物。努力实现敬老院盈利增收，每个敬老

① 相关数据和资料来源于重庆市秀山土家族苗族自治县人民政府网站，http：//www.cqxs.gov.cn/index/。

院都有自留地，因地制宜，发挥老年人自身的特长，开展院办经济，“仅2014年各敬老院共发展生猪1452头，饲养鸡鸭11747只，种植花生610亩、蔬菜244亩、粮食作物133亩，编织竹编858件”。[①] 老年人在参与劳动的过程中，既锻炼了身体，又愉悦了心情，增添了生活的乐趣，体会到了生命存在的意义。敬老院开展“四主题”活动：培养老年人生活技能，提高生活自理能力；培养老年人团结协作精神，鼓励老年人之间互相帮助，互相照顾；培养老人参与和组织文娱活动的能力，老有所乐；鼓励老人在节庆日互赠祝福，增强老人之间的凝聚力和归属感。通过优化养老服务环境、创新养老服务理念、实施关爱老年人行动等方式，着力提高养老服务水平。开展农村敬老院消防整改验收，进行消防演练，普及消防知识，增强安全防范意识，提高老人自救互救和应急处置的能力，强化卫生管理，合理调节饮食，确保敬老院老人平安祥和地度过晚年。

2. 立足民生建设，做好社会保障。秀山县出台了《扶贫济困医疗基金实施方案》，明确了对因病致贫家庭的帮扶细则。医疗救助基金的救助对象包括农村建档立卡贫困人口（不含纳入民政救助系统的因病致贫扶贫对象），即纳入民政救助系统的低保、三无、五保、孤儿、在乡重点优抚对象、重点残疾人、民政部门建档的其他特困人员、家庭经济困难的在校大学生、因病致贫家庭重病患者9类城乡困难群众。对救助对象的帮扶标准为原则上对单次自付费用超过3000元以上的，实行分段救助。享受扶贫济困医疗基金政策的对象在定点医疗机构住院发生医疗保险目录外的医疗费用占总费用不超过30%的，对其医疗保险目录外自付费用予以救助；超过30%的，对自付费用30%以内的费用予以救助，每人每年最高救助额度5万元。简化基金救助程序，将符合扶贫济困医疗基金救助对象的个人信息录入大病医疗救助系统，实行“一站式”结算。出台《农村贫困户医疗救助暂行实施办法》，符合条件的慢性疾病门诊医疗费用经城乡居民医疗保险报销后，个人自付费用救助比最高达80%，年最高救助金额达5000元。开展医生结对

① 秀山：立足民政职能　助力精准扶（http://cq.people.com.cn/n2/2017/0119/c365411-29616645.html）。

帮扶，组织全县500多名医生通过定期走访、上门指导、对病人规范化管理和治疗等形式“一对一”结对帮扶贫困病人，取得了良好的效果。加强教育扶贫，设立专项基金，每年资助学前教育贫困生2160元/人，资助小学阶段贫困寄宿生1000元/人，资助初中阶段贫困寄宿生1250元/人，实现贫困户子女就读中职学校和公办普通高中免学费，资助住宿费500元/人，贫困户子女高等教育阶段国家生源地助学贷款每年提高到8000元/人，还款期限延长至20年。改造农村危房，开展高山生态扶贫搬迁，改善贫困户人居环境。

3. 推动贫困群众精神和物质“双脱贫”。在脱贫攻坚战中，秀山县提出“既富口袋，又富脑袋”，通过物质帮扶和精神帮扶，实现贫困群众物质、精神双脱贫。依托志愿服务站、爱心志愿者协会、企事业单位等，组建志愿服务队，拓展志愿服务，使“三下乡”“邻里守望”“学雷锋”等志愿服务活动常态化，开展法律宣传、科普教育、义诊咨询、心理辅导等服务活动，扶贫脱贫向“自身造血”转变。举办道德讲堂，深化农村道德文化建设，传唱道德歌曲，树立道德典型，学习传统文化经典，提高群众的道德文化素养，开展“五好文明家庭”“写家训、晒家风”系列活动，创建文明示范村、文明示范家庭。

4. 发挥民政兜底保障作用，增强民政扶贫力度。秀山县民政局立足本职，从多方面着手，确保扶贫任务全面落实，扎实推进精准扶贫。认真落实农村低保制度兜底脱贫的任务要求，进一步完善农村低保标准和救助水平与经济发展水平、物价水平相适应的调整机制，通过明确低保兜底对象范围、规范低保兜底对象认定程序等实现了农村低保标准与扶贫标准的“两线合一”，不断加大医疗扶贫措施，将农村因病致贫家庭中的重病患者纳入医疗救助范围，享受资助参保、普通疾病救助、重特大疾病救助政策等，将大部分贫困患者个人医疗支付费用降低在10%左右，防止因病致贫、因病返贫现象的发生，切实减轻扶贫对象的医疗支出负担。出台《关于进一步健全临时救助制度的通知》，对扶贫对象中遭遇突发事件、意外伤害、重大疾病或其他特殊原因导致基本生活陷入困境，低保、医疗救助等其他社会救助制度暂时无法覆盖，或者救助之后基本生活暂时仍有困难的，发挥民政临时救助的救急救难功能。动员秀山县关爱留守（困境）儿童志愿者协会、520 爱心志愿者协会、心阳社工服务中心等社会组织开展留守儿童关注、贫困学生帮扶、关爱老人、帮助残疾人等公益活动，积极引导社会组织、社会人士参与脱贫攻坚、兜底扶贫工作。通过现场咨询、发放宣传单、制作宣传标语和展板等方式强化扶贫政策宣传，开展救助政策解读及宣传工作，提高政策知晓率，不断推进社会政策扶贫。

5. 构建产业扶贫，推动农户增收。构建农村合作社、农业龙头企业、农村电商等经营主体与贫困群众利益联结机制，推动线上、线下产业协同发展，增加贫困农户的收入。因地制宜，发展特色农业产业，着力发展以金银花为代表的中药材种植产业，以油茶、猕猴桃为主的经济作物，以土鸡养殖为主的特色牲畜产业，基本形成村有主导产业、户有增收项目的格局。探索发展电商扶贫，构建“网上村庄”，实现特色农产品网上销售，推动农民思维方式、农村生活方式和农业生产方式的转变。充分发挥气候、地理和自然资源优势，发展乡村旅游，采取多种方式带动贫困群众参与旅游开发和服务，分享乡村旅游开发带来的经济红利。

四、彭水县“六难”问题解决措施

彭水县“七山二水一分田”，全县耕地坡度在 25 度以上的占 48%，土层厚度 30 厘米以下的占 30%，水土流失和石漠化面积占 82%，是新一轮国家扶贫开发重点县，贫困程度深、贫富差距大、返贫率高，是重庆市贫困面最广、贫困人口最多、贫困程度最深的四个县之一。彭水县贫困人口面临着六个困难现状，它们分别是上学难、行路难、饮水难、看病难、增收难、保障难。为了解决“六难”问题，彭水县采取了以下几项措施。①

1. 完善精准扶贫管理机制。实行“三个一”帮扶到村，1 名扶贫指导员驻村，1 名科技特派员挂钩，1 个主导产业带动；落实“531”帮扶到户：县级领导包 5 户，县管干部包 3 户，一般职员包 1 户。

① 相关数据材料来源于彭水县人民政府网站，http：//ps. cq. gov. cn/。

2. 精准实施教育扶贫。对就读幼儿园、小学、初中阶段的贫困学生每年分别补助2160元、1000元、1250元，全面免除高中、中职学费并给予贫困生补助2000元，为贫困大学生提供一次性财政贴息助学贷款6000元，确保农村大、中、小学生不因贫困而失学，不因上学而贫困。稳步推进农村学生营养改善计划，改善农村中小学校食堂配套设施，保证青少年学生能够健康茁壮的成长。加强教学硬件设施的建设与升级，提高对贫困地区中小学的财政补助标准，对不足100人的学校按照100人标准核定公用经费，寄宿制学校按照每生每年200元标准增加公用经费补助，校舍维修改造补助标准提高到900元/平方米。实施“特色岗位教师”、“三区”支教、农村小学“全科教师”等培养计划，提高乡村教师岗位生活补贴，提高农村贫困地区的教育水平。

3. 完善贫困村的基础设施建设。通过建设和完善农村基础设施，解决饮水难、出行难的问题。彭水县多山地，交通不便，扶贫、脱贫的难度大。要致富先修路，实行“通达工程”，在行政村与行政村之间通公路，提高出行的便捷程度；同时加强水利设施建设，保障贫困农户的饮水安全，解决贫困山区饮水水源的问题；加强农村环境的整治，重点治理与群众生活密切联系的生活垃圾、农村污水等，扎实推进美丽乡村的建设；优先安排贫困村电网的升级改造工程，实现移动通信信号、广播电视信号全覆盖，阶段性、计划性地实现互联网进村，拓展群众接触外界信息的能力和视野。

4. 精准实施产业扶贫。打造“四圈一线”产业示范带（如表3－2所示），发挥各地特色农业优势，增加贫困农民的收入。构建“一乡一特”产业格局，着力培养“一村一品”产业体系，确保贫困户有1～2个稳定增收项目。同时不断完善贫困户产业增收机制，推行“公司＋基地＋农户”等利益联结模式，通过保底收购、股票分红、利润返还等方式促进贫困户增收。顺应互联网的发展，培育“互联网＋”新型农业产业，打造一批有地方特色、市场竞争力强、知名度高的农产品品牌，加快农村电子商务的发展。

表 3－2　彭水县“四圈一线”产业示范带

产业示范带	主要特色产业
靛水—润溪—龙塘—黄家—绍庆（阿依河）环线	中蜂、特色经果、休闲观光农业等
善感（周家寨）—鞍子—梅子—诸佛—桑拓—新田环线	特色经果、食用菌、休闲观光农业等产业
汉葭（下塘）—龙射—平安—鹿鸣—高谷环线	蔬菜、草食性牲畜、特色经果、休闲观光农业等
保家—长生—岩东—万足环线	食用菌、特色经果、农产品加工等产业
保家—郁山沿线	红薯产业

5. 精准实施医疗扶贫。完善医疗硬件设施，加大投资建设基层卫生医疗机构，特别是基础医疗建设资金要着重向贫困地区倾斜。同时要加强医疗队伍建设，继续实施“基层医疗卫生机构特殊人才津贴”和“偏远乡镇特殊工资津贴”等制度，为贫困村配备乡村医生，实现全县每村至少有 1 个标准化村卫生室和 1 名乡村医生。健全完善针对贫困人口的城乡居民医疗保险、大病保险、补充商业保险、与医疗救助相衔接的医疗保障制度，对救助对象进行动态管理，实现贫困户大病医疗补充商业保险全覆盖，继续实施医疗费用二次报销制度，对符合条件的个人负担医疗费用按相应的比例给予补助。

6. 精准实施金融扶贫。着力打造普惠金融示范区、特惠金融引领区、互联网金融创新区，为建卡贫困户提供 5 万元以内、3 年以下、基准利率、免抵押免担保的小额信贷支持，用于产业发展。落实扶贫小额贷款风险补偿金，对贫困户扶贫小额信贷、搬迁建房贷款、教育助学贷款、大学生创业贷款等提供风险补偿。同时鼓励金融机构延伸服务范围，在农村设立金融网点，积极开展大学生创业贷款、农民消费贷款。

7. 精准实施创业就业扶贫。大力实施“雨露计划”等扶贫培训，针对贫困人口重点实施职业技能提升培训和创业培训，确保在劳动年龄段内有培训意愿的贫困人员“应训尽训”，实施有条件的贫困户“1 户 1 人 1 技能”全覆盖。加强创业就业扶持，搭建贫困人口与用人单位对接平台，鼓励就近就业和灵活就业，做好农村公益性事业岗位开发管理，落实最低工资标准报酬制度等政策，引导有条件的贫困人员自主创业，落实创业贷款扶持、税费减免、微企补助、电商扶持等创业优惠政策。支持高校贫困毕业生就业创业，实现就业扶持和创业指导全覆盖，给予一次性求职创业补贴，鼓励报考彭水县基层事业单位岗位，鼓励企业提供岗位优先招聘，确保有就业意愿的贫困毕业生全部得到创业就业扶持。

8. 精准实施兜底保障。健全社会兜底保障体系，实施低保兜底，下发《关于做好“两线合一”农村低保兜底脱贫工作的通知》，将彭水县农村低保、五保对象、医疗救助患者等 6.85 万人（2015 年）全部纳入到低保范围，通过贫困线与低保线“两线合一”，实现“应保尽保”。开展保险救助，出台《关于因病致贫建卡贫困户重病患者纳入民政医疗救助工作有关事宜的通知》，及时将因病致贫家庭中的重病患者纳入到民政医疗救助，享受住院治疗后医疗保险与民政医疗救助的双重保障。加强养老服务，制定《经济困难的高龄失能老年人养老服务补贴发放工作指南》，城市低保对象、城市“三无”人员和农村五保对象中年满 60 周岁且生活不能自理的老年人，发放养老服务补贴，补贴标准为每人每月 200 元。对农村留守儿童、留守妇女、留守老人、重度残疾群体建档，完善对接帮扶机制，实行集中供养的形式，保障他们基本的生活条件。

五、武隆区扶贫行动与工作方案①

为了完成贫困村整村脱贫“销号”、全区脱贫“摘帽”和将贫困发生率降低到 2% 以内三大目标，武隆区区委、区政府制定了“1 +9”扶贫攻坚法案。“1”是指《关于扎实推进扶贫攻坚的实施意见》，“9”是指《集团式结对帮扶工作方案》《贫困村整村脱贫“销号”工作方案》《贫困户精准扶贫工作方案》《扶贫攻坚工作考核细则》《关于加强基层组织建设推动扶贫攻坚工作的实施意见》等 9 个具体的工作方案。

① 相关资料来源于重庆市武隆区人民政府网站，http：//wl. cq. gov. cn/index/。

除了制度上的保证，武隆区还制定了十大具体可行的扶贫行动，它们分别是：基础设施攻坚行动、生态修复攻坚行动、扶贫搬迁攻坚行动、旅游富民攻坚行动、特色产业攻坚行动、精准扶贫攻坚行动、社会救助攻坚行动、教育扶贫攻坚行动、社会扶贫攻坚行动、基层建设攻坚行动。将扶贫攻坚十大行动落实到具体的部门和人头，制定严格、细致的考核细则，并实行一票否决制。围绕十大扶贫行动，武隆区通过 12 项扶持政策，确保十大行动的顺利开展。

1. 对建卡贫困户进行节日慰问，保证每个贫困人口每次的慰问金不低于 25 元。

2. 对高山生态扶贫搬迁中的建卡贫困户实行叠加的补助政策，在每人享受 8000 元的基础上，再加上差异化的补助 2000 元，使每人补助达到 10000 元。

3. 落实教育扶贫补助政策，对农村贫困家庭子女就读大学的，人均资助 2000～3000 元，就读高职的，人均补助 1500 元。

4. 贫困子女在升学中，享受贫困地区定向招生政策。

5. 扶持贫困户发展产业，对贫困户贷款发展产业的，每户享受 2500 元内的贴息。

6. 将产业精准扶贫落实到贫困户中，并给予资金上的扶持，每户给予 1500 元的产业扶持基金。

7. 由区民政局牵头，区人力社保局、区扶贫办、中国人寿武隆支公司、人保财产武隆支公司协助，为全区贫困对象人口统一购买自然灾害和意外伤害保险，人均 28 元的保险费，享受意外伤故保险 28000 元、医疗报销 2800 元。

8. 18 岁以上的建卡贫困户，享受大病医疗保险保费 18 元，最高报销可达 20 万元。

9. 发展乡村旅游的，每户的补助在 3 万元以内。

10. 金融扶贫中，用小额贷款支持每户发展增收产业，贷款可在 5 万元内。

11. 干部结对帮扶贫困户实现全覆盖，并保证不脱贫不脱钩。

12. 贫困户如遇有特殊困难，可给予1万元内的特殊困难救助款。

除了以上12项扶贫政策以外，武隆区还创新扶贫模式和手段，实行集团式扶贫攻坚。集团式扶贫攻坚是指把区级部门和企业、事业单位组织起来，以集团扶贫的形式进行攻坚，能够把各方面的资源集聚到攻坚中来。武隆区将126个企事业单位的力量集聚起来，形成26个扶贫集团，“点对点”地进入到26个乡镇，实行“手把手”脱贫。26个扶贫集团深入到贫困乡镇的重点工作是帮助乡镇和贫困村完善扶贫规划，协调资金解决贫困村基础设施建设，以道路、饮水、农电为重点，改善乡村的生产生活条件，支持贫困村发展产业，力争每个贫困村有1~2个特色产业，引导贫困户制定脱贫规划，帮助贫困户发展脱贫致富产业。同时，每个扶贫集团的成员单位需要选派优秀后备干部到村里担任党组织“第一书记”，抽调干部与对接的乡镇干部组成驻村工作队，专职负责对接乡镇的贫困村扶贫帮扶工作。①

在民政兜底方面，将不具备开发和脱贫能力的孤寡、老弱、病残等贫困群体，全部纳入到最低生活保障覆盖范畴。武隆区政府颁布《武隆区市级健康扶贫工程示范区建设实施方案》，保证建档立卡农村贫困人口“看得起病，看得好病，看得上病，少生病”，完善贫困人口医疗保障和救助制度，有效、及时地治疗农村贫困人口大病和慢性病，有效解决因病致贫、因病返贫问题。采取“基本医保+精准脱贫保+大病医疗补充保险+民政医疗救助+大病医疗救助”的保障形式，使政策范围内医疗费用保障最大化，让救助对象最大限度减轻负担。农村贫困人口在区级医院居民医保住院报销比例提高10%，农村贫困人口在区级医院居民医保住院报销起付线降低50%，对因病致贫家庭重病患者住院治疗医药目录外的自付费用占总费用不超过30%（超30%的按30%计算）的，享受“一站式”分段救助，单次自付费用超过3000元以上的，享受30%~40%的救助，每人每年救助额度不超过5万元。

① 重庆日报：武隆十大扶贫攻坚行动确保扶贫出实效［OL］. 武隆网，http：//www. cqwulong. cn/Content/2015－08/21/content_161988_2. htm.

六、石柱土家族自治县扶贫脱贫政策措施①

石柱土家族自治县地处重庆市东部，长江南岸，总人口为54万人，其中以土家族为主的少数民族人口占总人口的72%，农村人口44万人，是典型的农业县。全县自然资源丰富，特色种养殖业发展迅速，是“中国黄连之乡”“中国辣椒之乡”“全国长毛兔第一大县”和全国最大的莼菜县。石柱土家族自治县地处革命老区，是一个集“老、少、边、穷、山、淹”为一体的县份，经济发展水平有限，贫困人口众多，为了响应和贯彻中共中央系列扶贫开发战略思想、重庆市委市政府脱贫攻坚讲话精神，石柱土家族自治县根据自身区位和自身特色，探索出了一系列扶贫脱贫的政策措施。

1. 信贷收益扶贫。石柱土家族自治县扶贫开发办公室印发《关于信贷收益扶贫的实施意见》，对有创业能力、有发展意愿、有良好信用的参与带动贫困户增收的县内农业、工业、商贸、旅游等各类经营主体进行贷（借）款扶持，经营主体直接向银行贷款或者是向农民专业合作社借款，贷（借）款最大额度为带动贫困户户数×5万元。经营主体自愿对所带动的贫困户按借款金额的6%支付固定分红，同时按照借款部分产生效益的40%支付效益分红，若因财务制度不健全导致年终效益无法核实的，按不低于借款金额的2%对贫困户进行效益分红。

2. 提高扶贫开发的针对性和精准性。为了解决长期以来扶贫开发对贫困人口摸底不清、致贫原因不明、扶贫资金和项目指向不明的问题，石柱县扶贫办下发《关于深入推进农村扶贫开发实施精准扶贫工作的意见》，提高扶贫开发的针对性和精准性。结合国家扶贫标准，根据石柱土家族自治县的具体县情，坚持“两个瞄准”：瞄准贫困户，认真开展扶贫对象识别，严格制定贫困帮扶申请的程序，科学合理界定贫困户，并且针对每年扶贫对象动态调整要求，建立有进有出的贫困动态管理识别系统；瞄准贫困村，找准制约发展的突出问题，找准群众最迫切解决、反映最强烈、直接影响群众生产

① 相关资料来源于重庆市石柱县人民政府，http：//www. cqszx. gov. cn/Index. shtml。

生活的现实难题，对已经验收脱贫的贫困村要实行后期的跟踪问效，确保贫困不反弹。

3. 央企定点扶贫。石柱土家族自治县采取多种举措有效地推进央企定点扶贫帮扶工作。成立专门的扶贫开发小组，下发《关于开展中央企业定点帮扶贫困革命老区百县万村活动有关情况摸底调查的通知》，努力寻找农民最迫切、最急需、反映最强烈的需求，摸清贫困农村缺路、缺水、缺电“三缺”情况，并向中核集团进行专题汇报，积极争取中核集团对口帮扶资金、项目的支持，尤其是改善贫困山区的水、电、路以及产业方面欠缺的问题。

4. 创新扶贫开发模式。为了能够更加客观地评估农村的贫困状况，有效检验脱贫攻坚的效果和成绩，石柱县率先在重庆市开展委托第三方机构评估脱贫工作。通过抽取贫困户样本和贫困村样本，开展扶贫脱贫的中期评估和年终验收自查工作。建立扶贫脱贫示范村创建机制，以一个贫困村和一个非贫困村为单元，成功打造37个县级示范村、26个乡级示范点，规范了表册和台账等工作，为扶贫脱贫提供了示范，同时通过非贫困村带动贫困村，实现联谊和结对帮扶，取得了良好的效果。

5. 教育就业扶贫。扶贫先扶志。全面改善贫困地区的义务教育办学条件，增加中小学生的营养供应，《关于集中力量开展扶贫攻坚意见》制定了相关规定，如：对贫困子女就读普惠性幼儿园按每年保教费1500元、生活费600元标准进行资助；对贫困家庭寄宿生就读小学和初中分别给予每年1000元和1250元生活费补助；对贫困家庭子女就读高中给予每年1500元生活补助，同时对低保家庭子女就读高中给予每年800元学费补助；对贫困家庭子女就读中职学校实现学费全免，对中职学校一、二年级特殊困难家庭学生每人每年补助生活费1500元、住宿费500元。优先引导贫困户子女报考医护类院校，引导其毕业后回乡行医。

6. 完善社会保障体系。进一步完善贫困农村最低生活保障制度，适度提高低保标准，做到应保尽保。加大医疗救助、临时困难救助财政投入，对农村低保、五保、重点优抚对象等医疗救助对象参加合作医疗保险的个人缴费给予资助。探索扶贫对象小额保险，购买人身意外伤害保险。

七、丰都县扶贫攻坚概况与措施①

1. 高山生态扶贫搬迁。为了充分解决农村贫困群众搬迁居住问题，全面改善贫困群众生产生活环境，丰都县相继出台和颁发了《关于加快推进高山生态扶贫搬迁工作的通知》《丰都县高山生态扶贫搬迁实施细则》《丰都县高山生态扶贫搬迁资金管理办法》《关于加强高山生态扶贫搬迁贫困人口差异化政策扶持的通知》等，对搬迁过程中遇到困难的群众五保户、无赡养人员、残疾人员、建卡贫困户等进行差异化资金补助。高山生态扶贫搬迁的类型包括：易地扶贫搬迁、生态扶贫搬迁、财政扶贫搬迁和农村D级危房改造项目等，高山生态扶贫搬迁遵循“政府引导、群众主体、因地制宜、因户施策、改革创新、盘活资源、统筹兼顾、合力推进”的原则。

2. 抓好产业扶贫。为了切实增强贫困地区的造血功能和内生能力，《关于坚决限时打赢扶贫脱贫攻坚战的实施意见》强调，要大力扶持贫困村和贫困户发展扶贫产业，建立脱贫增收的长效机制，实现稳定增收，如期脱贫。产业扶贫的总体思路是：立足生态涵养区和农产品县定位，围绕扶贫攻坚重点目标任务，以现代特色效益农业为主攻方向，充分发挥政策、项目、资金聚合效应，加快农村产业结构调整，突出抓好“1+6+X”特色产业，延伸产业链、完善供应链、提升价值链，着力提高产业组织化、规模化、标准化、市场化水平，有效带动贫困地区和贫困群众脱贫致富。

3. 扶贫保险。长期以来，农村群众因病致贫返贫情况十分突出。在全县新一轮贫困户精准识别、建档立卡中发现，因病导致贫困的群众占比达35%以上，一些经济困难群众“小病拖、大病扛”“看不起病、不敢进医院”。按照重庆市扶贫办《关于开展贫困户大病医疗补充保险试点工作的通知》要求，为了进一步落实精准扶贫要求、创新扶贫开发机制、探索金融扶贫模式、帮助农村贫困人口摆脱因病致贫返贫的恶性循环，对所有建卡贫困户开展小额扶贫保险和大病医疗补充保险。

① 相关数据资料来源于丰都县人民政府网站，http：//www.cqfd.gov.cn/。

（1）小额扶贫保险：为建卡贫困人口提供27.1元/人·年的农村扶贫小额保险保障，最高保额意外伤害（残疾）30000元/人，意外医疗1000元/人，疾病身故600元/人。建立风险调节机制，以重庆市统一核算为准，实际赔付率不足70%的，不足部分转为下年度投保费用；实际赔付率高于90%的，由市级或县级平衡后，对超额部分按50%予以补助。

（2）大病医疗补充保险：为建卡贫困人口提供35元/人·年的大病医疗补充保险保障，起付标准为6000元/人，达到标准后，不扣除6000元免赔金额。分段赔付比例：6000（含）~3万元按35%比例给付；3万（含）~5万元按65%比例给付；5万元（含）以上按90%比例给付。保险金额：50万元/人·年。以县为单位，实际赔付率不足75%的，不足部分转为下年度投保费用；实际赔付率高于100%的，可采取适当方式酌情予以补助。[①]

开展贫困户大病医疗补充保险试点工作具有重要的意义，贫困户大病医疗补充保险作为面向农村贫困群众的一种特殊保险产品，是防止农村贫困人口因病致贫返贫的特殊金融扶贫工具，符合新形势下精准扶贫、科学扶贫、内源扶贫的新要求，具有投入小、缴费低、赔付高、理赔快等特点。通过贫困户大病医疗补充保险试点工作的开展，有利于减轻贫困户因患大病重病产生的经济负担，防范因病致贫返贫风险；有利于加大财政购买社会服务力度，放大财政扶贫资金使用成效，发挥扶贫资金“雪中送炭”的作用；有利于促进贫困群众思想观念转变，密切党群干群关系。切实为贫困户构筑一道有效的安全屏障，逐步形成“政府支持、农民受益、市场运作、广泛覆盖”的农村扶贫保险体系。

第二节　重庆市武陵山片区民政兜底的特点

一、模糊性兜底改为差异化、精准化兜底

扶贫由“大水漫灌式”转向“精准滴灌”。进一步完善扶贫机制和兜底

① 《关于开展贫困户大病医疗补充保险试点工作的通知》。

政策，并结合当地的实际情况，有针对性地进行兜底帮扶，根据贫困户真正的贫困原因来一对一地制定出政策，逐一兜底，提高精准扶贫的效率，实现真正扶贫。依靠群众找到和帮助贫困户，坚决杜绝贫困对象之外还有更贫困群众的现象发生，进一步完善兜底措施。同时要建立和完善农村低保退出机制，有些低保家庭是因为突发性、暂时性的事件令自己陷入贫困，通过农村低保等政策实现兜底，生活有所改善和恢复之后，要及时对贫困家庭和人口进行重新评估，一旦不符合农村低保的条件，就不再享受农村医保。精准认定兜底对象，建立健全农村特困、特情人口的测量和认定机制，转变传统单一的认定标准和程序，通过个人申请或村委会推荐、入户调查核对、邻里访问、民主评议、监督公示等环节，避免人情保、权力保。

二、社会福利机构在兜底扶贫中的作用不显著

兜底扶贫的对象是“老、弱、病、残”者，他们的体力和智力不能完成自我脱贫，需要政府或社会以“直接给予”的方式，保障其基本的生存条件。在现实中，兜底的对象往往需要 1 名健全的人来照顾，导致兜底对象不仅自己贫困，还连带和拘束至少 1 名照顾者无法进行生产活动，导致连带贫困。虽然中国的福利服务与照顾以家庭为主，但是，要扭转这种局面，建立满足社会需求的社会福利机构，让社会福利机构不仅存在于城市，还要向乡镇倾斜，特别是贫困人口聚居区，建立社会福利机构和收养机构很有必要。将无人照顾的兜底对象集中搬迁到一个地方，招聘专业的护理人员进行照顾，既便于服务与管理，又解决了兜底对象的社会保障问题。从实地调查和官方数据来看，重庆市武陵山片区各区县福利机构偏少，且大都集中在城市。为智力障碍与精神疾病病人提供服务的床位数和为儿童提供收养救助服务的床位数严重不足，导致社会福利机构在兜底扶贫中发挥的作用相当有限。

三、社会对口支援效果显著

社会对口支援主要包括以下几个方面：第一，企事业单位对口扶贫帮

扶；第二，东西协作对口支援。企事业单位对口扶贫帮扶指的是发动具有实力的民营企业、大型国企对口“承包”贫困村以及事业单位、机关单位派驻人头，下乡指导扶贫脱贫。东西协作对口支援是指西部贫困区县与东部沿海经济发达省市的区县签订扶贫支援协议，帮助西部贫困区县脱贫致富。社会对口支援，可以充分地利用企业的资金与技术，创造就业机会，吸纳东部富裕区县的致富经验以及市场优势，打通脱贫致富新通道（如表 3 – 3 所示）。

表 3 – 3　东西扶贫协作帮扶一览表

贫困县	对接帮扶
黔江区	山东省日照市
酉阳县	山东省东营市
丰都县	山东省枣庄市
石柱县	山东省淄博市
武隆区	山东省济南市
秀山县	山东省德州市
彭水县	山东省聊城市

资料来源：重庆市扶贫办。

四、产业扶贫特色明显

做好扶贫攻坚工作，实现贫困农户脱贫致富，最关键的就是促进生产力和经济的不断发展，提供更多的工作岗位，让贫困农户“劳动有岗位，劳动有所得”。武陵山片区生态环境优美，自然资源丰富，农业生产具有特色，为产业扶贫提供了基础和条件（如表 3 – 4 所示），又加上现在城镇群众工作、生活压力大，对生活质量的要求越来越高，越来越追求品质化的生活，为产业扶贫提供了广阔的市场前景。

表 3-4　　重庆市武陵山片区各区县特色产品一览表

区县	特色农产品	旅游品牌产品
黔江区	中塘脆红李、金溪红心猕猴桃、高山蔬菜、紫薯、土家肾豆、武陵山珍、地牯牛泡菜、绿壳鸡蛋、黑猪等	黔江小南海国家级地震遗址保护区、全国防震减灾科普宣传教育基地、国家地质公园、黔江国家森林公园、中国武陵山民族文化节、小南海国家 AAAA 级旅游景区等
酉阳县	山羊、中药材、青花椒、蔬菜、油茶、茶叶、优质稻米、苦荞、冷水鱼等	金银山国家森林公园、酉阳桃花源、龚滩古镇、龙潭古镇等
丰都县	栗子大米、丰都肉牛、三元红心柚、楠竹锦橙、龙眼、轿子山萝卜、轿子山白菜、董家花椒、保合梨橙等	雪玉洞、横梁景区、十二殿、鬼国神宫、双桂山（又称鹿鸣山）国家森林公园、玉皇圣地景区、天堂仙境、兴龙文化公园等
石柱县	辣椒、莼菜、黄连、优质牛羊肉、长毛兔等	黄水民俗生态旅游度假区、大风堡景区、秦良玉陵园、银杏堂（银杏寺）、万寿寨、油草河景区、千野草场等
秀山自治县	土鸡、黄花菜、白术、金银花、豆腐乳、秀山茶叶等	边城洪安、凤凰山、大溪酉水、钟灵湖、大溪国家湿地公园等
武隆区	高山白菜、高山萝卜、高山辣椒、白马蜂蜜、沧沟西瓜、板角山羊、武隆猪腰枣等	仙女山国家森林公园、芙蓉洞、武隆天坑地缝国家地质公园、武隆喀斯特旅游区、龙水峡地缝、武隆天生三桥等
彭水县	红薯、烟草、畜禽养殖、晶丝苕粉、魔芋精粉等	阿依河、摩围山风景区、蚩尤九黎城、青龙洞、周家寨、郁山古镇等

五、民政兜底与扶贫开发政策无缝衔接

在重庆市，被纳入低保兜底的贫困人员必须符合三个条件：（1）属于建档立卡贫困家庭；（2）属于丧失劳动能力，缺乏自我发展能力，无法通过生产扶持、就业发展、搬迁安置和其他举措脱贫的；（3）人均月收入低于农村低保标准（如表 3-5 所示）。民政兜底与扶贫开发政策并不矛盾，要努力实现二者的有效衔接。“农村低保对象、特困救助供养人员都应该统筹

纳入到生态保护、教育扶持、医疗保障、资产收益以及社会扶贫等政策范围，同时，对建档立卡贫困人口中依靠扶贫开发暂时无法脱贫或脱贫后再返贫的家庭，凡符合有关条件的，都应该分别纳入农村低保、特困人员救助供养、医疗救助或临时救助的范围，确保他们的基本生活。”从 2015 年 10 月 1 日起，重庆市农村最低生活保障标准由都市核心区和都市功能拓展区 225 元/人·月，城市发展新区 220 元/人·月，渝东北生态涵养区和渝东南生态保护区 215 元/人·月，统一调整为 230 元/人·月，与扶贫标准持平。同时，还要让扶贫开发的成果惠及农村低保、特困人员，提高他们的生活保障水平。[①]

表 3-5　2015 年重庆市武陵山片区 A 类建档立卡扶贫对象纳入农村低保情况统计

单位：人

地区	A 类建档立卡扶贫对象	已纳入农村低保	未纳入农村低保
重庆市	187665	23929	163736
黔江区	4539	420	4119
丰都县	7913	351	7562
武隆区	5506	1734	3772
石柱县	5885	298	5587
秀山县	6667	301	6366
酉阳县	14832	663	14169
彭水县	12365	2003	10362

资料来源：重庆市民政局。

第三节　小　结

重庆市武陵山片区各区县针对国家、重庆市的扶贫脱贫大政方针，因地

① 资料来源：重庆低保标准 10 月 1 日起调整 分别按功能区域划分标准_央广网 http://health.cnr.cn/jkgdxw/20150922/t20150922_519930734.shtml。

制宜，制定了一系列精准扶贫、民政兜底的具体实施措施。实行农村最低生活保障制度兜底脱贫，完善农村低保制度，将符合农村低保条件的贫困家庭，特别是主要成员完全或部分丧失劳动能力的家庭，全部纳入农村低保范围，做到应保尽保。对低保家庭中的老年人、未成年人、重度残疾人、重病患者等特殊困难对象，采取多种措施提高救助水平，切实保障其基本生活。同时，落实特困人员救助供养政策。提升医疗救助水平，防止因病致贫。对患慢性病需要长期服药或者患重特大疾病需要长期门诊治疗，导致自负医疗费用较高的医疗救助对象，给予门诊救助。农村特困供养人员在定点医疗机构住院治疗所发生的个人自付合规医疗费用，由医疗救助资金及其他方式给予全额补助。农村最低生活保障家庭成员在定点医疗机构住院治疗，经新农合、新农合大病保险及各类补充医疗保险、商业保险等报销后个人负担的合规医疗费用，在年度救助限额内按不低于70%的比例给予基本医疗救助。对新型农村合作医疗和大病保险支付后自负费用仍有困难的，加大医疗救助、临时救助、慈善救助等帮扶力度，将农村最低生活保障家庭成员、精准扶贫建档立卡贫困人口全部纳入重特大疾病医疗救助范围。此外，加大临时救助制度落实力度，将遭遇急难型贫困的临时救助对象覆盖到所有城乡居民，将遭遇支出性贫困的低保和低收入家庭纳入临时救助范围。按照“易地搬迁脱贫一批”的要求，在自然灾害频发的农村贫困地区，切实抓好因灾倒损困难家庭住房恢复重建和救助工作，通过灾后重建帮扶一批。鼓励支持社会力量围绕脱贫攻坚策划慈善项目，募集资金重点向国家、省扶贫开发重点县倾斜。通过一系列政策措施，使贫困农户的生活得到了显著地改善和提高，扶贫攻坚取得了阶段性的胜利。

第四章　重庆市武陵山片区兜底政策存在的问题与启示

第一节　重庆市武陵山片区兜底政策实施所面临的问题及挑战

一、自然环境

（一）地理环境险恶

武陵山片区地理位置偏远且地势险峻。武陵山片区跨湖北、湖南、重庆、贵州四省市，集革命老区、民族地区和贫困地区于一体，是跨省交界面大、少数民族聚集多、贫困人口分布广的连片特困地区。处于我国三大地形阶梯中的第一级阶梯向第二级阶梯的过渡带，位于云贵高原的边缘地带。山地地理环境制约经济的发展。武陵山片区经济受到地理环境的影响较大，以喀斯特地貌为主，山石林立，山脉多褶皱和断裂。大多为偏远深山和高寒地带，并且石漠化严重，使得农业发展受到了极大的阻碍，农业结构单一，效益低下，导致居民收入低且来源失衡，表现为年轻人外出打工收入较多，内生性经济收入缺乏，而与此相伴的劳动力流失，耕地荒废，以及留守妇女、老人和儿童等能力缺失成为当地突出的问题，而这些受到地理位置的影响是极大的，因此地理环境险恶是制约其发展的重要因素。

（二）生态环境脆弱

武陵山片区面临着生态环境恶化和贫困长期存在的局面，山地生态系统长期承担着多样性资源输出与作为环境屏障的作用，生态环境的变化和当地频繁的人类活动相叠加造成的自然与社会共生风险，使得山地生态系统具有高度脆弱性。武陵山片区地形以山地、丘陵为主，该地区地下暗河、岩溶漏斗发育，导致地表降水漏失严重，干旱多发；植被破坏、土壤侵蚀和水土流失严重，造成大面积石漠化现象；水土流失和石漠化使得耕地数量和质量不断下降，造成土地资源稀缺；有的农村地区处于偏远深山和高寒地带，粮食产量不高；山地林地多，耕地分散，且生产能力低，土地承载力较弱。

（三）自然灾害频发

地理生态脆弱，自然灾害类型多且发生频率高。旱灾、雹灾、暴雨、山洪、滑坡、泥石流、冰灾等时有发生，使得原本脆弱的社会经济发展受到更加严峻的挑战。多种自然灾害频发是武陵山片区面临的难题之一。

由于贫困人口主要依赖于实物财产而不是收入，自然资源的质量及其可得性便成为衡量这类特定地域的贫困发生风险的重要因素，其限制了贫困人口获取生计的机会并导致贫困多元化。武陵山片区的贫困具有个体致贫的普遍性与区域致贫的特殊性相结合的特征。地理位置偏远、生态环境脆弱、资源禀赋不足等结构性因素与可行能力缺失的个体因素相叠加，自然风险与社会风险相伴而生，生态脆弱性与贫困脆弱性相结合，使得贫困呈现高度复杂性。生态环境和资源严重制约着人们的生产和生活，地理位置、生存环境等限制因素也对当地的人力资本和内在发展能力等造成了影响，而这些后天性要素又反过来使得人们的生存环境更加恶劣。

首先，地理位置和环境也使该地区面临着历史文化因素的制约。一方面，少数民族聚居特点使得该地区在文化、语言和生活习惯等方面具有特殊性；另一方面，历史上武陵山片区的开发较晚，发展迟缓，偏远闭塞，受当地传统文化习俗影响较大，社会经济落后。这些因素使得该地区的贫困发生呈现出“区域致贫”的特殊性。

其次，地理位置、自然环境特点使得当地交通通信建设成本高，严重制约了公共基础设施的发展和与外界的信息交流，进而导致信息闭塞和教育不足，居民文化素质偏低、思想观念落后、小农意识严重。山地地理环境限制使得农业结构单一，效益低下，导致居民收入低且来源失衡，表现为年轻人外出打工收入较多，内生性经济收入缺乏，而与此相伴的劳动力流失、耕地荒废，以及留守妇女、老人和儿童等能力缺失成为当地突出的问题。同时，结构性因素导致武陵山片区现实的贫困表现为长期持续性和很强的代际传递性。另外，当地社会交往范围狭窄、社区参与不足，影响着社会资本的形成和居民参与发展的热情。武陵山片区的贫困具有“个体致贫”的普遍性。

最后，自然灾害救援困难。武陵山片区地理生态脆弱，自然灾害类型多且发生的频率高。旱灾、雹灾、暴雨、山洪、滑坡、泥石流、冰灾等时有发生。而自然灾害造成的损失极大，例如，农作物减产或绝收、导致人口死亡或伤病、诱发局部流行病、造成人畜饮水困难、房屋被破坏或倒塌、大牲畜死亡等，造成了巨大的直接经济损失。兜底对象由于其弱质性，对自然灾害的抵御能力相对较弱，即在自然灾害发生的情况下，就有可能导致其生存的困难，而在较大或特大自然灾害发生时，他们则完全没有自救能力。他们面对自然灾害的行为方式主要是等待政府的救援，一般情况下缺乏自救的能力和互救的有效机制。然而，灾害管理体制还存在着较大的问题。如灾害管理资源分散、救灾减灾工作程序不规范、决策指挥系统不畅。相对于频繁发生的自然灾害，灾情发生后，在对救灾资源的分配上不可避免地存在平均主义的倾向，尤其是在地区间和灾害发生的农村社区在不同农户间的分配上，这种分配格局显然对贫困地区以及兜底对象不利，在同样的灾害情况下，他们是更需要外界救援的群体。在缺乏相应救援的情况下，导致其经常性地陷入因自然灾害而不能脱贫或因自然灾害而返贫的状态中。自然灾害的救援主要依靠政府投入和社会以及个人捐款，而按市场经济要求的自然灾害保险体系在农村地区尚未建立起来。一方面，保险业在农村发展滞后，现有的保险企业没有足够的能力覆盖贫困地区；另一方面，贫困地区以及贫困人口缺乏参与自然灾害保险的意识和能力。在自然灾害救援的过程中，无法大面积覆盖受灾地区，也难以真正实施救援。因此，武陵山片区的兜底对象在遭遇大的自然灾害时，能帮助他们的自然灾害救援还存在很大问题。

二、社会保障

社会保障水平低，主要体现在社会保障层次低、范围小、覆盖失衡、项目不全、社会化程度不高、保障标准欠科学。风险大，主要表现为法制建设滞后、管理监督不力、基金运作失当、可持续性较差。方式旧，主要表现为现收现付。其资金来源以农民个人缴纳为主，集体次之，国家为补充。这使得国家和集体所体现的社会责任过小，不仅造成了资金来源的不足，降低了保障标准，而且也在很大程度上影响了农民参与保障的积极性，加大了保障工作的难度。

（一）农民养老保障制度

随着人口老龄化进程的加快，武陵山片区农村的养老方面的压力相对于城镇将更加突出。农民养老保障形式归纳起来大致有家庭养老、社区养老以及社会养老三种主要的形式。

1. 家庭养老。家庭养老是指以血缘关系为纽带，由家庭或者家族成员对上一辈老人提供衣、食、住、行等一系列生活安排的养老方式。在现阶段，家庭养老主要包括在家庭范围内老年人依靠自己的劳动和以往收入的积累自养、靠子女供养、靠配偶供养、靠其他直系或非直系亲属供养四种具体形式。随着我国现代社会经济转型，城镇化速度加快，土地保障功能“虚化”，农村外出务工人员增多，以及家庭结构小型化，家庭养老保障已经呈现弱化趋势。家庭养老面临着巨大的挑战，具体表现在以下几个方面：

第一，家庭养老面临农村人口老龄化的挑战。根据近几年的人口普查的结果可知，农村的老龄化速度快于城市。随着农村老龄化的加速发展，农村老人会越来越多，对于武陵山片区的兜底对象而言，家庭养老的负担将会越来越重。

第二，家庭养老面临家庭结构变化的挑战。在过去的几十年里，我国农村家庭结构不断简化，规模不断缩小。一方面，计划生育政策长期广泛实行，必将使家庭人口结构有所变化，由一对年轻夫妇和一个孩子组成的三口之家、老年夫妇组成的二老之家、两代老人组成的二代老人之家以及独身老人、高龄老人之家等将日益增多。因此，家庭结构的这种变化，对武陵山片区的兜底对象中传统的家庭养老模式提出了挑战。另一方面，子女和父母分居的家庭生活，也给当前主要依靠家庭养老模式的基本制度提出了挑战。

第三，家庭养老面临耕地减少与外出做工的挑战。土地是大多数中国农民赖以生存的基础，也是农民养老的最可靠、最基本的保障。农村城镇化以及乡镇企业的发展，使得农村人均耕地减少。而人均耕地的减少，使农民外出做工的人数增加，年轻农民外出干活，家里面就只剩下老人了，老年人照料问题就突出起来。

第四，家庭养老面临家庭内聚力下降的挑战。一方面，随着农村经济的发展，农村的非农收入大量增加。老年人过去在土地耕种方面经验的重要性下降，老年人在家庭中的权威地位也随之下降，家庭的内聚力也开始削弱。另一方面，由于年轻一代参与现代生活，竞争激烈，导致照料老年父母的意识和能力在一定程度上下降。

第五，家庭养老缺乏制度的硬约束，家庭养老纠纷增多。由于传统习惯，老人多数和儿子住在一起，如果出现家庭矛盾，孩子对父母养老互相推诿，老年人养老的经济来源就会出现问题。在市场经济浪潮下，一些人出现了道德滑坡，将经济利益作为衡量一切事物的标准，在许多地方都出现了“弃老”现象。在赡养问题上有许多困难，依靠子女养老的家庭养老保障制度已经出现了一系列问题，难以适应社会发展的需要。传统的家庭养老保障已不能完全应对新形势下农民对养老保障的需要和要求，其功能出现了明显的弱化趋势，农村养老保障亟须在方式和制度上的创新。

家庭养老这种保障制度具有明显的家族性和排他性，缺乏互助共济的功能，家庭抵御风险的能力非常低。不是自家的老人，一般不去供养，不是自家的事，一般不去过问。况且，该地区的大部分青年、中年劳动力都外出打工，回家的时间少之又少，几乎都是在春节才回家一次，有的甚至常年不曾回家，家里面就留下老人和儿童，儿童被老人照顾，老人自己则无人照顾。

一般除了经济上的供养外，生活上的照料和精神上的慰藉难以得到满足。由于经济基础的薄弱，以家庭经济为基础的养老保障形式非常脆弱，一旦遇到天灾人祸，个人和家庭均难以抵御，所以家庭养老的保障形式是十分不稳定的。

2. 社区养老。社区养老是指由各个行政村组织实施的对特殊困难的“三无”（无劳动能力、无生活来源、无依无靠）老年人实行“五保”（保吃、保穿、保住、保医、保葬）的一种供养方式。这种养老方式一般采取两种形式：一是集中在养老院（或敬老院）供养。将“五保”老人集体安置在乡或村敬老院，由乡村集体提供吃、穿、住等生活安排，并由工作人员负责日常照顾。然而该地区经济薄弱、政府的资助少，又处于地势陡峭的山地、丘陵上，所以养老院很少，养老院的资金支持也不足以为老人们提供良好的服务和满足他们的需求，加之护理人员也要从中获取相应的劳动报酬，受保人的吃、穿、住、行、医等各个方面的基本生活需要得不到有效的保障。饮食缺乏丰富性，较为清淡，很少满足老人的身体需求；对老人的精神状况关注不够，老人们与外界的交流甚少，常常感到孤独、寂寞。二是分散供养，即由村级组织负责，由邻里照顾，集体提供口粮、柴火、住房等必要的生活资料。作为社区养老的主体——农村“五保”供养，在20世纪90年代走上了比较规范化的轨道。但是随着农村税费改革的完成，其资金来源已经成为了一个大的问题，缺乏经济来源的“五保”供养前途令人担忧。由于资金来源有限，集体提供的供给相对较少，每个供养者所能享受的标准相对较低，各个方面也难以得到有效的保障。另外，无论是哪一种形式的保障，服务人员大都缺乏必要的护理训练，护理水平和护理意识比较低，使得受护老人不能得到悉心的呵护和心灵的慰藉。

3. 社会养老。社会养老确立的是以“个人缴费为主，集体补助为辅，政府给予政策扶持”为基本原则并实行基金积累的个人账户模式，并且国家建立了专门的农村社会养老保险管理机构，颁发了相关的制度规章，出台了操作方案。由于社会养老保险对参保人的年龄有要求，资金数目较少，加之当地的贫困程度较大，因而，参保的老人的生活也只能得到基本的维持，而且未达到年龄要求的老人，生活保障水平亦是十分低下。更糟糕的是，已经参加了养老保险的老人，可能由于年龄太大、子女又不在身边、村里相关部门不落实，导致未能及时领取自己的保险金额。由于农村社会养老保险制度是一项创新的工作，没有成功的经验和模式可以借鉴，随着我国各项改革的不断深入，武陵山片区的农村社会养老保险制度也遇到了很多的困难与挑战。第一，制度的不稳定性使社会养老本身存在着巨大风险。购买养老保险是一个长久的过程，但是武陵山片区的兜底对象收入低下，其收入与自然气候和农产品市场行情的相关性很大，所以无法足额按时缴费成为一种常态，或者对现在交钱而若干年后才能获得的回报并没有太大的信心。第二，保险水平过低，难以保障未来的老年生活。若考虑到通货膨胀、物价指数上涨等经济因素，养老金最终很难起到养老的作用。由于经济发展水平低下，农民对养老保险制度又缺乏信心等原因，使大多数农民投保时都选择了最低的档次缴费。第三，养老保险管理体制不健全，农民多存思想疑虑。目前，一些地区由多个部门经办社会养老保险，致使政出多门，机构重叠，业务交叉，资金分散，部门间出现争执和矛盾。在具体的管理办法上，不少地方机构不健全，甚至出现有机构、无人员，或者有人员但没有设置机构并且又无经费开展工作的情况，有的地方建立的档案不科学、不规范，难以实现有效的管理。另外，武陵山片区的兜底对象有的因为收入水平低下、家庭负担沉重等原因，根本无力参加社会养老保险，这种“保富不保贫”的养老保险制度，并不能真正地解决养老问题。

（二）农民工社会保障

农民工是我国制度变迁与社会转型期间所出现的特殊群体，具有双重身份，既跨城乡二元结构，又受制于二元结构。市场经济的发展为农民工提供了生存空间，但是作为计划经济重要管理方式的户籍制度又是农民工难以逾越的障碍，农民工只有到城里才能挣到钱。农业是他们的安身立命之所，但是工业化的潮流又裹挟着他们，把他们带入机器流水作业的车间；他们是工人，但是前面又要加上特定的限定词——农民。其身份表现为不确定性、模糊性、过渡性和二元性，所以，城市为其提供的生存空间是有限的，也是受到人为控制的。由于种种原因，绝大多数农民工仍然游离于社会保障的

“安全网”之外，做工人的工作，却得不到工人的身份和保障，同工不同酬，失业得不到失业保障，生病得不到医疗保障，因工伤、致残了也得不到应有的照顾和抚恤，生活困难的得不到最低生活保障，拖欠农民工工资的情况也经常发生，这些给其家庭生活带来了很大的困难。农民工的流动性较强，参保率极低。农民工严重缺乏社会养老保险的意识，认识不足。大部分农民工对于用人单位和自身参保持无所谓的态度，而这主要是由于缴纳保险费减少了现金收入、对保险的不信任而担心将来社会保险没有“保险”以及害怕失去工作机会而不敢向用人单位争取社会保障权利等原因造成的。此外当地政府相关部门未加强保险宣传、未能保证农民工对保险的全面理解以及法规不健全、用人单位管理方式不妥当也影响了社会保险的推广。农民工与单位福利、社区福利和社会救助权益绝缘。劳动者福利问题主要体现在住房补贴、在职培训或进修、社区服务等方面，农民工几乎不可能享受到城镇一般职工所享有的福利；农民工子女的教育福利处于不平等的地位，或缴纳插班费，或缴纳借读费，或进入专为农民工子女开办的学校，整个过程花费较高。同时，女性农民工的生育保险严重缺失，因生育孩子而面临失业或被解雇的风险。

武陵山片区存在失地农民问题。土地收益微薄、征地补偿款发放不及时导致失地农民的生活常常会陷入窘境，政府和任何征用农民土地的单位应当切实解决失地农民的就业和社会保障问题。其中，失地农民培训出现不平衡现象。首先，地区性不平衡。表现在不同省市之间不平衡、同一省市的不同县区之间不平衡。有的地方政府十分重视这项工作，成立了领导机构，加大了宣传力度，设立了农民培训基金专户，甚至还出资免费为农民培训，有序组织务工就业。有的地方政府对这项工作重视不够，存在一些突出的问题。例如，体制不够健全、规范，对农民培训缺乏统一规划，培训的内容指向性不明确，各部门各自为政，造成农村劳动力培训工作多头管理，培训的实用性不强；尽管政府下拨了培训基金，可是有的地方的配套资金迟迟不能到位，甚至有的县区的农民培训费用尚未列入财政预算，连启动资金都没有。其次，培训对象年龄、性别结构不平衡。各地大多重视 35 岁以下失地男性农民的培训，并推荐和帮助他们更好地就业，而忽视了对年龄较大的一般是男性在45岁以上、女性在40岁以上失地农民的培训，如此一来，这一部分农民群体既失去了基本的土地来源，又难以找到稳定的工作，其基本生活难以得到保障。最后，培训内容和手段也是不平衡的。由于缺乏统一规划和管理，各地在培训内容上存在盲目性、无序性倾向，而且有的没有按照失地农民和用人单位的实际需求安排培训；有的则只重视农业实用技术培训，忽视了企业用工技能培训。各地在培训方式上也不尽相同，差异较大。土地的社会保障功能在社会和经济转型中被削弱，农民工离开土地后存在严重的失业风险，使得农民工失业后承受着巨大的经济、社会和心理压力。农民工的失业风险大大高于城镇一般就业者，但农民工普遍没有失业保险。

（三）医疗保障

农村实行的合作医疗制度，以集体经济为依托，由于集体经济的逐步瓦解和个体经济的兴起，集体经济弱化，合作医疗进入了衰退和解体阶段。医疗保障的范围小，一般以村、乡为单位集资管理，社会化程度低，保障水平也比较低，抗风险能力较差。政府的支持力度不够，对同一合作范围内的农民统一对待，并没有依据疾病风险的不同等因素进行区别对待，保险方和被保险方的信息并不对称，因此，政府促成的“自愿参加、个人支付为主”的合作医疗实质上是地方政府提供的垄断医疗保险，从而也导致了无法实现人人参与或大多数人参与。农民几乎全部自费医疗，求医看病出现了很大的困难，部分家庭出现了因病致贫、因病返贫等问题。另外，医疗方面的立法层次太低，约束力不够，导致资金筹集困难，资金被挪用，效益不好以及推行困难等问题，给就医者带来困难。

合作医疗是中国农村目前最重要的基本医疗制度，但是在运行的过程中依然不可避免地存在“逆向选择”问题，但是随着政策的宣传和政策的执行，目前大部分农民都能自愿缴纳。相对于职工医疗保险来说，合作医疗的保障水平较低，不能满足慢性病、大病保障，合作医疗还存在模式单一问题。由于经济承受能力、医疗需求、参与意愿以及当地的医疗卫生资源和提供能力等现实情况，单一的合作医疗模式无法满足多元化的医疗需求。

（四）农村社会救助

该地区虽然对鳏寡孤独等贫困群体采取了行之有效的“五保”户制度，但是社会救助制度方面还很不完善，立法滞后，制度不规范，带有很大的随意性。在农村地区，系统的农村养老保险实施困难。农村弱势群体保障体系十分薄弱。武陵山片区大部分居民需要依靠扶贫政策。由于政策和财力等原因，还存在着许多应保未保和以低补代替高补的情况。而通常认为的民政救助作为兜底和最后一道防线的功能却很难发挥应有的作用。

（1）未能形成系统的救助体系。对生活极度贫困、因贫致病、因病致贫、老无所养等各类情况未能形成分类、系统、规范的社会救助体系。在临时救助方面，存在较大的随意性，未能建立一套合理的评估体系。

（2）缺乏具体的贫困标准和救济标准。因为标准的缺乏，在评价一个家庭是否贫困时，标准一降再降，受救济的人数逐步减少，导致贫困人口难以得到基本的社会救助。

（3）农村社会救助实施机制薄弱，与相关管理机制、运行机制和监督机制配合不力。社会救助法律法规立法层次低，缺乏较高的法律效力和必要的法律责任制度。合法的筹资机制、稳定的保障机制、严格的管理机制、有效的运行机制和有力的监督机制都不够健全，有关农村社会救助的制度分散在不同的规范性文件中。缺乏专项农村社会救助法律，对农村社会救助发展的基本目标、政府责任、基本项目、资金筹集与管理和待遇标准等未做出比较原则性的规范，农村社会救助的推进缺乏基本的法律依据。此外，社会救助的社会化程度低，救助手段一般是给钱给物，很少涉及与贫困者息息相关的减免水电费、子女教育费等救助手段。有的地方虽然对贫困者建有档案，但透明度低，缺少个人申报和部门调查审核等认定救助对象的审批制度和动态检测体系。农村社会救助制度的保障范围狭窄。第一，社会救助制度的救助对象有限。农村社会始终处于中国社会保障体系的边缘，不合理的限制条件使许多农村困难户成为“三不管”对象，他们的生活困难程度甚至远远超过民政救助对象。第二，农村社会救助制度经费不足，救助标准过低。经费来源单一，基本上都是依靠国家财政拨款，无法使每位困难户都能得到扶持与帮助，筹资渠道的非社会化使得社会救助在一定程度上成为一种官办的封闭型事业，阻碍了该地区的发展。第三，社会救助制度的保障程度偏低。在武陵山片区人口较多，经济又欠发达的乡、村的统筹资金占农民收入相对较高，农村社会救助过多地依附于家庭，使家庭不堪重负乃至面临困境。第四，没有建立动态保障金制度，保障程度偏低。有的地方保障对象的保障金几十年不变，经过几次通货膨胀后，原有保障基本生活的目的也难以达到。第五，社会救助缺乏社会保障制度的法律规范，一直依靠政府机关的政策或者指示来推动整个社会保障制度的改革，没有关于社会救助的专门的法律。一方面，有的地方政府认识不到这是政府的一种职责。由于传统文化的影响，致使部分贫困对象因不愿“曝贫”而在政府“关怀”之外；另一方面，社会救助主体一旦发生纠纷，法院无法立案。出现挪用、截留和贪污救助金、救助物资等现象时，贫困者权益难以得到有效保障。第六，社会救助政策的整体性和协调性有待提高，政策层次太低，衔接不密切，鼓励引导社会力量参与救助的力度还不够；专项社会救助的作用还没有充分发挥出来；家庭经济收入核算比较困难，社会救助的出入机制受到阻碍，标准设定不科学，地区经济发展水平、地区农民收入、劳动力市场价格、家庭结构类型以及救助对象困难需求程度的差异，在标准的制定上没有科学合理地体现出来。此外，边缘群体社会救助政策也不完善，存在游离于农村社会救助体系之外的群体。第七，社会公共事业发展滞后，严重影响了社会事业惠及民众的幅度和水平。农村教育文化设施缺乏且建设水平低下，农村科技推广体系不健全，科技对经济发展的支撑能力就显得很弱。

（五）农村最低生活保障制度

农村最低生活保障制度的实施是一种典型的政府行为。但是武陵山片区在实施这一制度的过程中，对于理解实施主体的救济理念存在问题。传统救助“三无”对象的情结难解，一些地区对于农村最低社会保障制度的科学含义理解不够，仍然把其当作是传统的社会救济制度的延续，眼光仍局限于传统的“三无”对象，不能有效地拓宽农村最低生活保障制度的覆盖面。选择救助对象的标准宽泛，只要是贫困户，无论是什么原因，只要其收入低于贫困线，就有权利申请救助。政府选择救助对象不能根据贫困以外的标准。救助对象的权利被忽视，某些政府官员根本不真正地关心救助对象的基本情况，对前来询问的贫困户冷漠以待，没有表现出对人的基本尊重和关怀，救助对象的情况难以得到解决。

（六）就业保障

由于人多地少，且大多为山地丘陵等，农业内部的就业压力过大，大部分劳动力外流，加上乡镇企业经济效益连年滑坡，对剩余劳动力的需求逐年减少，使劳动力就地转移失去依托，剩余劳动力不得不外出找出路。但是限制农民进城就业的问题没有更多实质性的改变，户籍制度也没有根本性的改革。这一方面弱化了农民进城就业的动力，另一方面也使得农村剩余劳动力的转移不稳定，已经进入城市的农民在一段时间后又被迫回到农村。农村劳动力转移培训也存在问题。

（1）观念淡薄。一部分地区对农村劳动力转移培训认识不高，缺乏紧迫感、责任感，宣传力度不够，政府不积极，企业不支持，农民不情愿。农民思想认识还没有跟上，参加培训的意识不强，对转移培训缺乏热情和积极性。

（2）基础条件差。职业技能培训需要具备相应的场所和设备，而事实上许多不具备培训条件的机构由于缺乏实习场所和操作设备，开展的技术、技能培训基本上以授课为主，操作培训往往是“纸上谈兵”，效果很差。

（3）师资力量薄弱。教师队伍理论水平一般较高，而实际操作能力较差，不能满足社会急需的职业技能培训要求。

（4）培训教材缺乏、手段单一、项目针对性较差。主要采取办培训班的形式，由于培训资源有限，而且对培训者有一定文化素质要求，因此，处于文盲或半文盲的贫困者则基本上没有参加各类技术培训的机会。而针对文盲或半文盲的有效培训方法，如声像教学，则受到贫困地区缺乏相应设备的限制，不能得到有效应用。各培训机构只能选择一些与农村劳动力转移培训相近的教材或者聘请一些行业的老师傅、老专家或企业技术人员开展培训，缺乏系统性、完整性，影响了培训质量；培训手段大多是“我讲你听，我教你学”的模式，没有很好地利用广播、电视、录音、录像、互联网等现代化的教育手段，也没有考虑到农民的特殊性，不注重实践性、忽视了实用性，因此收效甚微。另外，社区组织，即村民委员会，由于其缺乏有效调动社区内外资源的能力，在对贫困人口教育中的组织和协调作用没有得到有效发挥。社区组织往往被动地接受上级有关部门和组织安排的培训活动，缺乏根据社区发展的需求主动要求培训的机会。对武陵山片区少数民族兜底对象的教育未能将少数民族的文化特点在培训活动中进行认真的考虑。如现有的农业技术资料均是用汉语编写的，而大部分农民，尤其是妇女不懂汉语，或仅会说而不认识汉字，这在很大程度上限制了他们在技术培训中的参与。

（5）经费投入不足、服务体系不健全。培训带有一定的盲目性，跟风现象严重，没有进行实地的市场需求调查，不但造成资源浪费，而且严重挫伤了农民培训的积极性。

（6）农村普通教育阶段普遍采取了“精英教育模式”，在实践中表现为片面追求学历教育、歧视农业教育。对大多数农民而言，他们很难通过继承财富、利用社会关系等其他方法求得生存状态的改变，只能通过受教育来提高生存能力，改变生存状态。然而，大多数农村青少年在初中甚至是小学后就进入了社会，由于在校学习内容与劳动技能直接关系不大，即便是初高中毕业后还是无一技之长，甚至连农业生产的一些基本技能也没有掌握，结果是升学无望、就业无路、致富无术。所以，在这种情况下，生存状态无法得到改善。

（七）农业保险

农业保险在实际运营中有“边缘化”的趋势，具体表现如下所示。

1. 对农业保险的有效需求不足。

第一，农民风险意识淡薄，缺乏参加保险的主动性。农民长期处于分散封闭的小生产状态下，自给自足的自然经济传统观念根深蒂固，加之农民文化技术素质普遍较低，往往只注重眼前既得利益。另外，由于农业保险知识宣传力度不够，很多人对险种不了解，不知道该如何办理保险。对农业保险存在一些误解：一是无用论，认为种田收粮老本行，有无保险都行；二是灾变论，受灾时感到保险重要，无灾时缺乏防范；三是短期受益论，认为参加保险后无灾损，只缴纳保费不受益，经济上太吃亏，即使是遭灾，保障也很不充分，有的甚至把保险当作“额外负担”。

第二，农民土地经营规模偏小且零星分散，客观上弱化了农业保险的经济保障功能。自给性需要和种植的多样化，以及经营土地空间布局的分散化，客观上产生了一种内在风险调节和分担机制，在某种程度上降低了灾害损失的经济影响；狭小的土地规模使农业生产的比较利益下降，农业收益也呈现不断下降的趋势。

第三，收入水平低，保费负担能力极其有限。农业保险中的有效需求难以真实体现出来，自发购买农业保险的经济基础是脆弱的。可供支配的收入数量少以及农业保险费缺乏足够的经济保障是农业保险发展中所面临的客观障碍。

第四，农村经济区域发展不平衡，保险需求与支付能力存在结构性偏差。收入水平较高的人能负担较多的保险费支出，但也有相当一部分人收入水平较低无力承担高额的农业保险费支出。这样，形成了农业保险需求与保险费承担能力的结构性偏差。

2. 保险公司对农业保险的供给相对短缺。

第一，农业保险分散面广，工作难度大，业务费用较高。农业保险业务活动空间范围大，服务对象数量众多，开展各项业务都需要做大量细致的宣传动员和手续办理工作，加之农村交通不便、通信落后，难以实施有效的风险控制和业务管理措施，容易产生各种道德风险和投机违法行为。

第二，农业灾害频繁且损失严重，保险公司无力承担巨灾损失赔偿责任。武陵山片区灾害种类多，频率高，分布广，而农业物质技术基础脆弱，抵御灾害能力较差，各类突发性自然灾害往往会造成巨大的经济损失。

三、经济发展

武陵山片区虽然在扶贫上已经取得了一定成效，但是减贫后发力量薄弱，经济发展水平低下，亟待进行经济发展转型和减贫战略创新。

（一）经济发展水平低

1. 各区县市经济水平和农业收入低。

各区县市的经济水平和农民收入均低于全国水平，同时相关性分析也指出，武陵山片区农民收入的增加越来越依赖经济增长，但经济增长对农民收入增加的带动作用却在逐渐下降。贫困人口在不断减少，贫困发生率在不断降低，瞄准程度渐次提升，减贫覆盖面逐渐扩大，但贫困程度深、资金投入依然不足等问题使得未来面临的危机和脆弱性越来越大。经济发展方式转变困难，缺乏资金推动力。资金支持有限，武陵山片区自身投入严重不足。农民的再生能力十分脆弱，导致地区经济发展十分迟缓，收入增长有限。地方财政的拮据，使得政府投入十分有限、覆盖面小。与此同时，由于当地交通条件闭塞，基础设施建设落后，市场狭小，劳动力素质不高以及综合经济发展环境差等因素，很难吸引到发达地区的资本和企业进入，资金筹措困难。

2. 武陵山片区的全要素生产率在恶化，特别是技术退步明显。

部分区县存在产业结构失衡，对收入分配产生负面影响。从整体产业发展效应看，第一、第二产业对农民增收有正向作用，但是第三产业反而有负向作用。同时，产业结构的失衡也导致了山区的绿色发展问题。

3. 农业生产水平低下。

由于生产投入能力弱，加上生态环境、气候条件的不利影响，农业生产水平低。主要农产品生产量低，从而也就没有更多的剩余产品出售，通过经济循环来带动收入增长，兜底对象生产投资效益低、出售产品的价格水平低。同时，由于区位上的边缘分布，交通的闭塞，观念上的封闭，经济上的贫困，使生活在小生产方式下的农民养成了排斥新的、先进的科学技术知识信息和有价值商品信息等习惯，安于“日出而作”“日落而息”的自然经济生产方式。这种生产方式导致了农村产业结构单一，表现为农业以单一种植业为主体，而种植业又以粮食生产为主体，其他农村产业发展滞后尤其是乡镇企业发展极度缓慢。农业生产以低层次平面垦殖方式为主要特征，即低素质的生产经营者凭借传统的、简单的农耕技术和经营方式，以人口数量的增加和体力劳动为主，直观表现为以锄头、犁、耙和畜力为主的生产技术手段同自然界进行简单的能量交换过程。其生产结构是单纯追求粮食产量的单一种植业结构，生产力水平极低。这种方式劳动生产率低下，农业机械化水平低，农业生产仍然在很大程度上依靠人力、畜力和手工工具，农业劳动工具仍十分落后。

（二）经济发展方式转变面临挑战

在过去的发展中，虽然武陵山片区已经取得了一定的扶贫成效，但后发减贫力量薄弱，亟待转变经济发展方式，但是经济发展方式转变面临挑战，具体表现如下。

（1）经济发展方式转变缺乏内在驱动力。经济发展方式转变困难，这主要由于产业结构不合理，第一产业比重过大，三次产业之间的关联度差，产品附加值低，增值能力弱，且各地产业结构严重趋同，规模经济难以形成。由于经济基础薄弱，生产力相对低下，区域经济布局不合理，传统农业发展缓慢，制约了经济发展方式的转变。第二、第三产业比例偏低导致经济增长缺乏引擎，同时也会影响对劳动力的吸收，使得就业机会缺乏，不利于减贫。产业结构调整不力主要有以下几个原因：一方面，武陵山片区耕地资源短缺，耕地质量差，土地利用率低下，农业产业化困难，以传统农业为主。大多数土地都是山坡上的梯田和旱地，不适合种植粮食，产量低而不稳定，无法用于扩大再生产，限制了对耕地的投入能力。另一方面，农产品产业化发展程度及市场化程度低，支柱产业低端，产业链不完善。由于交通不便，信息闭塞，使得农业产业化覆盖范围有限，产业规模化不足，产业链发展滞后，资源优势难以转换为经济优势。

（2）经济发展方式转变缺乏基础设施支撑体系。武陵山片区地理位置偏远，基础设施建设不力，导致经济增长慢、产业规模小、要素成本高。

（3）经济发展方式转变缺乏规模效应。合作平台缺失，由于存在行政隔阂，“大扶贫”“主战场”的开发布局难以形成，彼此竞争远远大于合作。由于自然环境、经济社会发展状况相近，各地产业结构严重趋同，产品缺乏竞争力，彼此缺乏协作，很难形成规模经济和特色产业。

(4) 经济发展方式转变缺乏技术支持。目前，武陵山片区无论是技术投入还是教育投入都远远不足，甚至在经济增长中出现技术退步现象。

(5) 经济发展方式转变缺乏普惠能力。部分地区经济增长得越快，贫困发生率下降得越慢，经济增长与减贫间存在一定程度的不可兼得性，分配机制存在问题。

(6) 发展差距逐步拉大。经济发展的地区差距明显，且与全国、各地区所在省的发展差距在持续不断地拉大。生活水平低下，城镇化进程滞后，城乡居民的收入差距大。武陵山片区兜底对象的收入相当低下，因此在城乡居民收入不断增长的同时，收入差距在不断拉大。

四、教育文化

1. 文化素质偏低。武陵山片区的兜底对象接受教育的程度整体很低，绝大部分的人只接受过初中及以下的教育，甚至还有一部分人没有接受过教育。平均文化水平只有小学程度。村民个人素质较低，影响其参与扶贫开发的热情，导致农村产业扶贫缺少中坚力量，同时影响到外出务工农民的收入，不利于整体推动当地的减贫和自我发展。另外，武陵山贫困地区干群素质普遍偏低。村里面有文化、有能力的人都外出务工，村干部能力有限，这些因素都严重制约了当地的发展。武陵山片区以种植业为主，而依靠种植取得收入的前提是良种的培育。农民们在选择种子的过程中，经常无法分辨其好坏；由于知识水平低下、经济状况困难等，农民们只能依靠长期以来的生产经验，政府也没有聘请专家进行技术指导，导致生产技术没有随着社会的发展而进步，反而逐渐下降。农业机械化的缓慢阻碍了发展，大多仍然依靠人力、畜力进行耕种，粮食产量并没有得到提高。

2. 思想观念整体落后。在传统封闭的小农思想和意识下，兜底对象对待子女教育的观念落后，子女的教育在很大的程度上与父母的态度相关。经济困难的情况下，对子女教育的投资经常被列在次要的地位。在封闭的自然和社会环境下，大多数贫困地区仍然沿用传统的生产方式，知识在农业生产中发挥的作用十分有限。贫困家庭的儿童过早地被作为家庭劳动力使用，形成了一种仅维持劳动力简单再生产的格局。尽管国家实行了九年制义务基础教育，但学生家庭仍然要承担不断增加的学杂费和书本费，在兜底对象缺少现金收入的情况下，这成为限制其接受基础教育重要的经济因素。例如，很多人不能或者不愿意上学，小学毕业就开始务农或外出打工的情况较为普遍。女童失学率高于男童，这一普遍现象除了家庭经济困难导致的失学和辍学外，尚有非经济原因，例如，贫困地区仍然受到“重男轻女”传统思想的严重影响，在家庭经济不可能保证所有儿童接受相应教育的情况下，女童便自然成为牺牲的对象。家长文化水平低，对教育缺乏认识，尤其是在母亲大多为文盲的家庭，很难使孩子从小受到良好的教育。除此之外，还有不愿意接受新兴农业产业，发放的救助资金往往没有用到着力点上，等等。

3. 语言沟通障碍。该地区多为少数民族聚居，在许多少数民族村落，由于还保持使用民族语言，汉语沟通有障碍，使得这些村民参加产业项目以及外出工作的机会大大降低。

4. 有崇尚武力的倾向。许多少数民族地区由于历史等因素，还存在着原始崇尚武力的倾向，其村寨领袖及长老对贫困村民有很强的影响力。

5. 教育科技水平落后。城乡教育发展水平不平衡，教育条件很差，学校硬件配套设施匮乏，附属设施设备配齐率低下，比如有大量的危房存在，没有运动场地，缺少运动器材。教育经费投入不足、资金发放不及时，教师队伍的结构性矛盾较为突出，不适应教育事业发展的需要。主要表现为分布结构不平衡，学科结构不合理，学历结构偏低，初中辍学率偏高等问题。教师数量不足，通常一个老师要负责几个班的几门课程，很难保证教学质量；教师流失现象严重，整体素质较差，相当部分农村教师教育观念陈旧、知识老化、方法落后，贫困地区难以吸引高层次优秀人才从教，教师学历达标率普遍偏低，农村教师年龄老化和断层现象严重。同时教育观念存在问题，一些地方领导和教育行政部门在发展教育上还一定程度地存在重数量、轻质量，重硬件、轻软件，重现象、轻实效等思想观念，教育为当地经济和社会发展服务、培养高素质劳动力的观念尚未确立。

6. 留守儿童的教育问题。武陵山片区山远人稀，学校布点相对集中，孩子上学距离拉远，家里无人监管和照护，教育的后勤服务面临难题。留守儿童身陷“三缺”困境：生活上缺人照应、行为上缺人管教、学习上缺人辅导。留守儿童失去了社会的关爱、家庭的监督和教育，其基本生活、义务教育等都无法得到保证，突出表现在：性格存在缺陷、缺乏亲情、成绩偏差、道德滑坡、人身安全受到威胁。由于学校和家庭之间存在安全衔接上的“真空”，学校不可能面面俱到，因为教育资金不足、专业资源匮乏等，面对留守儿童特殊需求，学校、老师常常有心无力，而监护人普遍缺乏安全保护意识，再加上这些少年儿童对危险缺乏识别和自救能力，各类危险事故时有发生。留守学前儿童多属于隔代教养。祖父母由于年老体弱、文化水平低，一般都缺乏科学教育孙辈的能力，他们往往只关注孩子的吃穿住行，而不能进行学习、心理、品行等方面的关心与教育指导。

人口普遍受教育程度不高，劳动力素质亟待加强。入学率低，职业教育机会大大少于区内的普通高中教育机会，更是远远低于全国，难以满足农村剩余劳动力转移就业的需求。基础教育落后以及职业教育发展不力导致农村总体劳动力文化程度较低。因此，受教育程度的普遍低下将制约社会发展方式的转变。另外，青壮年和高素质劳动力流失严重，导致农村劳动力构成不合理，社会结构失衡。由于经济发展落后，就业机会有限且待遇不高，大多数青壮年劳动力选择外出打工，这样，不仅制约了当地的发展，也使得家庭养老面临问题。

五、医疗卫生

1. 健康知识了解不足。武陵山片区的兜底对象健康观念落后，缺乏健康的基本知识，自我保健意识和健康风险意识不强，缺乏疾病预防意识和措施，在疾病的治疗过程中，怀有“急功近利”的非科学心态，乱用药、用药剂量过大，而产生一系列副作用的现象十分普遍。在对待疾病时的互助共济观念比较淡薄，如对新型合作医疗制度还不是十分了解，存在一些疑虑和担心。

2. 医疗人才和设施建设不足。武陵山片区由于经济发展水平低下、地势陡峭、交通闭塞等，医疗服务非常少。医疗点相对集中，较为正规的医院大多位于乡镇街道上，而村落里面更是没有医院，只有私人的小药铺等。医院距离太远、药铺子又无法满足人们的需求，导致求医受到阻碍，兜底对象发病后，该治疗而未治疗的比例很大。小病不及时治疗而拖成大病，以及最终成为不治之症的现象十分普遍。另外，用于医疗服务的资金投入不足；医疗设施也不完善；医疗人员的能力和素质较低，缺乏培训；对医务人员的管理缺乏规范，收费高、乱收费、多收费现象严重；而且医疗人员缺乏对常见疾病的治疗能力，兜底对象也对其缺乏信任。因此，在人们遭遇大的健康问题时，没有人才和基本设施帮助解决。

3. 农村医疗卫生管理缺乏。在乡镇一级缺少农村医疗管理行政机构，管理上存在一定的混乱现象。中国农村对医疗的管理设在县一级，乡镇缺少相应的机构。县级管理机构直接对村级卫生组织进行监管，缺乏相应的中间环节，实际上是很困难的。而且在税费改革后，再设立一级乡镇卫生管理机构，会增加开支。显然，对农村医疗卫生的管理处于两难困境。

4. 农村卫生医疗保障体系不完备。在农村卫生医疗保障体系的建设过程中，各级政府偏向对医疗条件的改善，而忽视对公共卫生设施以及预防保健相应的投入；忽视对兜底对象最基本的健康教育。由于兜底对象的弱质性和已有的十分有限的健康教育和预防保健措施，很难覆盖到文化程度低的兜底对象。尽管在建立合作医疗制度的过程中，政府对加入合作医疗的农民给予一定的补助，但采取的是平均补贴政策，对于那些真正需要帮助的兜底对象，会因为资金的缺乏，而得不到政府的补助，最终不能加入合作医疗体系。

5. 对特殊群体的扶贫开发存在缺陷。老年人、残疾人、儿童、妇女是扶贫开发工作重点支持对象，但是，现阶段武陵山片区针对特殊群体的扶贫开发仍然存在很大缺陷。（1）家庭养老仍然是主要方式。对于该地区的兜底对象来说，基本的生活保障都难，那么老人的生活水平也必然很低，其精神和身体上的健康得不到保障。另外，系统性的农村养老保险尚未建立。无论是新农保还是老农保，都存在覆盖面窄、互助性小、随意性大等问题。（2）贫困儿童培育不容乐观。武陵山片区农村儿童培育需求远未得到有效保证。贫困儿童失学率居高不下，身体健康状况也存在较大问题，尤其是留守儿童问题突出。（3）农村妇女保护缺位。具体表现为健康状况较差，对医疗卫生资源可及性较低，留守妇女数目庞大，劳动强度大，常常需要家庭、生产兼顾，存在不同程度的权利剥夺。

六、基础设施

由于经济和自然方面的原因，该地区的基础设施状况较差，主要表现在：第一，道路交通设施建设落后。目前区域性公路网络尚未形成，而且路网密度稀疏、通达性不佳、道路等级低。第二，农田水利设施多年失修。山区大部分是喀斯特地容地貌，境内虽然溪水河流很多，但是水利设施的修建较为落后，大部分水利设施都是在20世纪60年代修建的，已经严重老化损毁，有效灌溉率低下，人均旱涝保收面积很少。由于水利设施建设的落后，种植业和养殖业的发展受到很大限制。第三，用水、用电极为不便。有的地区没有安上自来水，人们用水只能依靠当地的井水、溪水、雨水等，饮用水质量得不到保障，并且取水费时、费力，特别是对于只有老年人的家庭来说，更是困难。即便是有了自来水，也面临停水的问题。在用电方面，也时常面临停电的问题。特别是在雷雨天气，电线可能被损坏，却得不到及时的维修，不仅不能通电，也对人身安全造成威胁。扶贫开发供需矛盾突出，具体表现在以下几个方面。

1. 在个体需求方面。村民的基本需求尚未完全满足。村民需要温饱、需要改造房屋、需要通水通电、需要购买基本的交通工具，深切地渴望过上大多数老百姓那样衣食无忧、安居乐业的日子。

2. 在公共需求方面。武陵山片区兜底对象对基础设施建设、农业生产发展、教育培训、医疗卫生、自然环境保护以及公民权利这六个方面有比较迫切的需求。但现有的公共资源差强人意，尤其在教育、卫生事业方面发展滞后。此外，医疗卫生资源短缺、费用高昂所引起的因病致贫现象在武陵山片区兜底对象家庭中比较常见，高昂的医疗费用导致许多家庭背上沉重的经济负担。

3. 在政府供给方面。公共服务与社会保障方面滞后，预设供给的公共产品较多，实际落实的公共产品偏少；普惠性公共产品和特惠性公共产品供给均有增长，但总体上均偏少且特惠性产品供给尤其短缺。

武陵山片区社会发展方式面临转型困境，即自给自足的传统农业方式与市场经济中的思想观念、文化传统、思维方式等难以适应，具体反映在教育发展落后、文化保护不足、卫生事业滞后和社会保障不完善等方面。贫困特殊性与复杂性交织。武陵山片区的贫困具有个体致贫的普遍性与区域致贫的特殊性相结合的特征。贫穷跨界、风险共生、脆弱连片，在行政管理上多数被边缘化，由于行政区划分割，使该地区处于四大行政中心的环形空洞区，交通不便，产业同构，有限资源难以实现优化配置，经济社会发展水平落后。由于区域性的贫困导致贫穷跨界；地理环境的演变导致生态环境脆弱、资源禀赋不足等结构性因素与社会可行能力缺失的个体因素相叠加，自然风险与社会风险相伴生，生态脆弱性与贫困脆弱性相结合，导致该地区贫困呈现高度复杂性；经济增长缓慢，且内部各区域间经济发展失衡，越靠腹地越贫穷。当地社会交往狭窄、社区参与不足，影响着社会资本的形成和居民参与发展的热情。贫困个体致贫的普遍性与区域致贫的特殊性相结合的特征，使得这一地区的地理性脆弱与社会性脆弱高度吻合，形成了脆弱连片的现状，致使扶贫开发面临着极大的挑战。

七、政治、生活方面

1. 农民政治参与不足，民心民智难以汇聚。由于现存的生活方式、知识水平的低下、观念意识的淡薄等，该地区的大部分农民政治意识不强，政治参与不足，政治参与积极性不高，导致基层民主发展较为滞后。贫困户收入水平低，他们关心更多的是自己的生计问题，而非与自身利益关系不大的村庄事务，漠视或者不去争取民主权利。由于村庄基础设施条件落后，有些村庄村委会连固定的办公地点都没有，加之农户居住过于分散，居住地离村委会办公地点太远，参与村庄事务的成本太高，制约了村民参与村级事务。另外，具有较强参与能力的青壮年大多都外出务工，留守在村庄里的大多是老人、妇女和小孩，这些群体往往对村内事务参与有限，力不从心。地方政府和村庄重视不够，没有赋权给村民，村民无权参与。因此，兜底对象连基本的生活保障都存在困难，其政治意识更是非常薄弱，村庄事务的主人翁意识不强，对村内事务关心不够，使村庄难以汇聚民心民智，难以调动起村民参与减贫脱贫的积极性，使大部分村民把减贫脱贫当成政府、村干部的事情而非自己的事情，导致村庄的凝聚力严重不足。对于国家的政策、村委的决定，大部分人都不太了解，凭借自己的理解，有的照着做，而有的则拒绝做，以至于实施之后容易产生矛盾，也不能很好地反映民生民情，他们的基本利益得不到良好的保证。

2. 部分政府官员重视不够。在武陵山片区，贫困程度大，其凸显的问题更多，也更为复杂。当地的政府官员、部门负责人等，有的对改善民生并不重视，表现为他们将上级的命令、决定仅传达下去，对于村民们所遇到的困难并没有耐心地帮助其解决，反而冷言以待，导致村民们有苦无处诉的情况产生。体现出某些官员没有把为民服务落到实处，不懂得尊重和人文关怀，其各方面素质低下。进一步来说，也是政府官员考核出现了问题，未曾真正了解其是否有为民服务的能力和热情，便让其接管工作，如此一来，真正受苦的还是当地的百姓。

3. 武陵山片区兜底对象的生存状态依然处在较低的阶段。该地区村民的住房不仅面积偏小，而且年代久远、构造简单；多数房屋的建造时间在几十年以上，而且还有部分房屋的建造时间已经超过了 100 年，大部分房屋都是用泥土、木材或者石头建造，有的屋内四面露风，年久失修。屋外泥土堆、烂木头、瓦砾等随处可见，有的甚至已经成为了危房，屋内的房间也是非常少的，很多农户的厨房和卧室连在一起，生活用品和农具占用了房间大部分，导致屋内空间十分狭小，至于牲畜的喂养大多是另外搭建草棚，也几乎都被喂养在一起。

4. 生活条件差，室内摆设非常简单，很多家庭仅有灶台、饭桌，以及床铺，而基本的生活用品也是相当的简陋，除了一些必需的生活用品外，基本没有高档商品，电器更是非常少，虽然早些年用蜡烛、煤油灯的现象很少了，但是并非没有，其中老式电视机和电灯成为农户最主要的电器，用电也没有保障，经常停电，因而电器是非常少的，最多的还是耕地种植的农具。

5. 交通条件闭塞。该地区的交通条件闭塞，交通运输极为不便，仅有的省级或各级别水平的公路设施也相对简陋，公路服务范围小，联系的地区少，出行除了步行方式外，大多用电瓶车、摩托车、货车等代替步行。许多村落和村民组之间还没有道路相连，大多是蜿蜒曲折的泥泞小路。而有的地方也没有这样的小路，人们出行总是有下脚的地方便踩，出行非常不便，而这也时刻威胁着人们的生命财产安全。

综上所述，重庆武陵山片区兜底对象的发展面临巨大的问题和挑战，集中体现在以下三个方面。第一，基本权利保障与可持续发展方面，缺乏最基本的健康服务、最基本的义务基础教育以及最基本的社会保障，兜底对象生活在健康贫困和教育贫困状态中，他们被社会严重地边缘化了，使之因为贫困而失去了作为人的最基本的尊严，其基本权利未得到充分保障，对兜底对象社会发展的重视程度还远远不够，其持续发展面临挑战。第二，基本需求的满足与可持续发展方面，健康服务、基础教育、灾害救援、社会保障等是兜底对象生存中最基本的需求，由于自然、社会、历史、经济以及政策上的原因，导致兜底对象仍然没有达到满足这些最基本需求的状态。当他们的生存因此而处于极大的威胁之中时，他们的进一步发展是不可能的。第三，人力资源的开发与可持续发展方面，从可持续发展的角度来看，人的发展是可持续发展的前提和根本保证，强调兜底对象的社会发展实际上是将人力资源开发的三大方面整合在一起的，即兜底对象的健康保障是其体能得以保持并在其发展中发挥作用的前提条件，基础教育和成人教育是使其智能得到开发的有效途径，从某种意义上来讲，贫困是兜底对象能力低下的一种表现形式，只有他们的能力提高了，才有可能从根本上消除贫困状态。而现如今，在这方面的提高还面临很大的挑战。

第二节　重庆市武陵山片区民政兜底政策的启示

兜底对象的安置和帮扶工作是精准扶贫工作最艰难、最关键的一环，它事关脱贫攻坚、实现全面小康社会的大局。在全国上下集中关键人力物力开展脱贫攻坚的背景下，我国扶贫、脱贫工作取得了显著成效，成千上万的贫困人口在政府和社会的帮助下摆脱了贫困，过上了吃穿无忧的生活。脱贫攻坚是一个系统的历史性工程，脱贫的各个环节需要全国上下，特别是各级政府部门的相互配合与有效联动。我们在前面已经对兜底对象的特点、形势、需求以及面临的脱贫攻坚的困难进行了阐述。根据我们实地调查发现，在具体的脱贫攻坚过程中，仍然存在着诸如贪污腐化、政策误读、观念落后等问题。针对脱贫攻坚过程中出现的问题，我们认为可以采取以下措施来解决。

一、精准识别兜底对象，充分发挥社会救助的关键作用

社会救助是兜底线、救急难、保民生的基本制度。社会救助在扶贫攻坚中肩负着不可替代的作用。重庆市武陵山片区兜底政策实施过程中，要充分发挥社会救助在兜底扶贫中的关键作用。第一，要认清新时代社会救助兜底保障的新形势。如今，我们正面临着“百年未有之大变局”，新时代是建设现代化强国的时代，是赶超欧美发达国家的时代。建设社会主义现代化强国和实现中华民族伟大复兴，其核心是认真学习和理解习近平新时代中国特色社会主义思想，坚持中国共产党领导，坚持以人民为中心的发展思想，要充分认识到全面深化改革所带来的新机遇、新挑战、新问题。发挥社会救助在扶贫攻坚中的保障作用，当务之急是要真正搞清中国贫困问题的现状，对发展趋势做出准确评估和研判。[①] 第二，进一步提高民生保障的底线和标准，让深度贫困群体有更多的获得感。第三，促进基本社会救助和急难社会救助相互结合、同步提升。在实际的扶贫攻坚过程中，要将因罹患重大疾病、遭遇突发事故而陷入困境的特困群体作为重点难点问题加以推进。第四，要将开放的理念贯穿在扶贫攻坚的全过程，形成“政府保基本、市场

① 中民．充分发挥社会救助在新时代的兜底保障作用［J］．中国民政，2018（8）：31.

做补充、社会献爱心的救助新格局”①。支持和引导社会力量广泛参与到兜底扶贫保障中来，促进政府救助与社会力量参与的合作格局。第五，社会救助要坚持公平与效率的有机统一。首先要提高社会救助的精准度，其次要适时公开社会救助的信息和过程，最后要不断提升社会救助的绩效和成果。未来社会救助的发展要特别注重处理好与社会扶贫、社会慈善和社会福利的关系。

提高社会救助的绩效，关键在于精准识别兜底对象。精准扶贫是针对于粗放扶贫而言的，是针对不同贫困区域环境、不同贫困农户状况，运用科学有效程序对扶贫对象实施精确识别、精确帮扶、精确管理的治贫方式。一般来说，精准扶贫主要是就贫困居民而言的，谁贫困就扶持谁。精准扶贫的措施包括产业扶贫、电商扶贫、旅游扶贫等。兜底扶贫是精准扶贫的重要内容和基础性工作，它重点关注的是因病、因残丧失劳动力而致贫的问题。相对于其他贫困人口来说，农村五保户、低保户因为自身的残疾或缺陷，不能从事劳动，丧失了劳动力，无法通过自身的努力使自己的生活得到保障，实现脱贫，所以在医保、新农合等方面需要给予更多的支持。兜底是扶贫的基础和第一要务，是精准扶贫工作中的一项关键性、基础性、事关全局性的工作。扶贫重点在于“造血”，对那些具有一定劳动力、有自我发展能力的贫困户提供政策、平台和帮助，让他们能够自力更生，在社会各界的扶持下实现脱贫；兜底重点在于“输血”，兜底的对象是那些失去劳动能力的、老弱病残以及智力缺陷的贫困户，他们丧失了脱贫的能力，对于这种贫困对象，只能采取集中供养或分散供养的形式，保障他们的基本生活，让他们吃得饱、穿得暖、住得稳。所以，对于普通贫困户和兜底贫困户的扶助手段和措施是不同的，这就要求我们在扶贫济困的实际工作中精准识别帮扶对象。针对扶贫对象的不同，采取不同的帮扶措施和手段，既不能对具有发展能力、自力脱贫的贫困户实行“保姆式”扶助，也不能忽视那些丧失劳动力、无力自助的兜底户。“实现精准救助，千方百计提升兜底能力，切实保障所有符合条件的困难群众都能通过社会救助实现政策性兜底脱贫，为全面打赢脱

① 戚锡生．充分发挥社会救助在脱贫攻坚中的兜底保障作用［J］．群众，2016（11）：54.

贫攻坚战奠定坚实的基础。”①

二、改变扶贫工作中传统的贫困思想和观念

可以说，挖掘贫困户的脱贫潜力，实行扶贫资金资助是扶贫攻坚的外在推动力，仅有这种“外力”是不够的，最根本的是要改变贫困户传统的“等、靠、要”等观念，引导他们树立正确的贫困观，贫困并不可怕，贫困更不是跟政府讲条件、要资源的借口。在农村基层，传统的贫困观念和思想在群众之中根深蒂固，如果不采取科学的措施引导、实质性的改变，那么随着时间的推移，传统贫困思想和观念很容易发生代际传递，导致“一代贫，代代贫”的状况。要改变贫困的思想和观念，重在对基层群众进行持续不断的教育和宣传。一是宣传国家扶贫脱贫的相关政策和方针，通过群众座谈会、扶贫专干业务培训会、印制宣传资料等方式对建档立卡工作进行广泛的宣传，同时将贫困户建档立卡工作示意图张贴到每个村，让群众懂得政策，了解程序，积极参与，让农民群众了解国家的扶贫环境和形势，让脱贫致富的思想观念入脑入心，保障贫困户的切身利益；二是树立脱贫典型，发挥榜样作用，宣传脱贫的路径和方法，鼓励脱贫典型发挥先锋模范作用，以点带面，发挥典型和榜样的示范和帮扶作用；引导农民群众树立正确的脱贫致富价值观念，脱贫是靠勤劳的双手创造出来的，致富是靠不断的奋斗争取来的，靠人不如靠己，在社会形成一种决心脱贫、勤劳致富社会氛围，阻断贫困的代际传递。

三、建立监督与考核制度，并使其常态化、制度化

严格的监督考核机制才能够保证扶贫政策的有效落实。加强对扶贫基金的监管力度，把资金的分配与工作实效、使用效益以及评价结果相结合，保证扶贫基金直接用于扶贫对象，避免资金挪用和贪污。坚持扶贫资金的公示

① 大鹏．发挥社会救助的兜底保障作用［J］. 中国民政，2016（7）：34.

制度，让扶贫资金的利用“公开、透明”。健全考核评价机制，明确精准扶贫、民政兜底的责任单位和责任人，严格落实帮扶措施，同时加大对扶贫开发领导小组单位、相关行业部门、各乡镇履行扶贫职能职责情况进行监督和实效考核，坚决查处和打击违纪违法行为，对执行政策打折扣、工作不落实、对象不精准、弄虚作假等行为严肃问责，对限时完不成脱贫攻坚任务的实行“一票否决”，对工作成绩显著的干部予以奖励和重用。完善扶贫进退机制，对完成脱贫任务，达到脱贫指标的贫困对象要及时办理贫困退出手续，实行对贫困户脱贫后的实时跟踪，对因病返贫对象经过严格考核后，重新纳入贫困的救助范围。要提高扶贫监督与考核制度的水平和效果，必须将其制度化、常态化，不能仅仅暂时性地发挥作用，而是长久性地持续运作。

四、支持和鼓励民间扶贫组织的培育

在中国，政府一直是扶贫济困的主要力量，政策的制定、资金的拨付、资源的分配、人员的调动等都离不开政府的主体作用。随着社会的发展，贫困问题日益复杂，形势日趋严峻，政府在扶贫的大政方针方面发挥着不可替代的作用，但是，扶贫攻坚是一个系统性工程，面对复杂的基层环境和多样的贫困状况，政府显得力不从心，难免会出现“缺漏”。那么，谁来填补国家扶贫工作的“缺漏”呢？其中，社会福利机构和民间志愿组织是一支不可忽视的力量。随着“小国家，大社会”观念的提升，我国社会组织有了很大的发展。社会福利机构和民间志愿组织在社会的多个领域正发挥着不可替代的作用，对国家管理、社会稳定做出了突出贡献。扶贫工作需要全社会的共同参与，社会福利机构和民间志愿组织更不能置身事外。首先，国家应该提供政策支持，鼓励社会福利机构和民间志愿组织投入到扶贫攻坚的大潮中，充分发挥民间组织的灵活性和专业性，弥补政府扶贫的“缺漏”，补足扶贫开展中的短板；其次，要积极引导民间组织的发展，避免民间扶贫组织的畸形发展，更不能出现以扶贫为名谋求私利、损害人民利益的现象发生；最后，要根据扶贫攻坚的实际情况，增加社会福利机构的数量，将残疾、智力缺陷以及丧失劳动力又无人照顾的兜底对象进行集中供养，保障他们的基本生活。

五、推动全域合作联动，支持跨区域帮扶

实现武陵山片区脱贫，离不开各省份区域的相互协作，特别是在旅游开发、发展潜能挖掘等方面。武陵山片区生态条件好，民族文化资源丰富，在全民旅游、大众旅游和全域旅游蓬勃发展的形势下，实施旅游扶贫可以弥补当前产业扶贫的不足。武陵山片区旅游产业缺乏统一规划，平台、品牌等不足。要组建武陵山旅游产业联盟，构建“大旅游、大产业、大扶贫、大市场、大协同、大发展”新格局。

重庆、湖北、湖南、贵州四省市协力打造国家级跨省旅游产业扶贫协作示范区。建立四省市联席会议制度，由四省市联合发起成立武陵山片区旅游产业协作联席会。建立四省市政府职能部门对口联络机制，对涉及省际的规划、项目等事先沟通，协调一致。编制武陵山片区旅游扶贫规划，推动片区旅游从“景点旅游”到“全域旅游”转变，实现片区旅游资源全面整合，旅游开发整体统筹，旅游产业全域发展。携手争取国家政策支持，加快推进片区旅游产业带动脱贫致富与协同发展，推进资源共享、景区联合、线路联通、市场互动、全域联动。促进片区旅游市场融合发展，以核心景区、涉旅企业为主体，着力培育“武陵山”区域旅游品牌；建立务实高效、互惠互利协作体系，打破省际旅游壁障，构建公平公正旅游市场；加大综合性旅游企业引进和培育力度，支持跨区域旅游投资，支持优势景区相互推介和整体营销。建立区域旅游大数据中心，打造区域旅游基础信息数据、旅游公众信息服务、旅游产业运行管理和旅游市场营销推广四个平台，促进旅游与交通、公安、商务、银行、气象、测绘等部门的数据信息共享和跨区域信息互联互通。[①]

① 郑友向、龚明钢．决战贫困：武陵山片区有何出路［N］．重庆政协报，2018－09－14（004）．

改革开放40多年以来，东部沿海地区充分享受了政策和机会带来的发展红利，经济得到突飞猛进的增长，财富实现了不断的积累。“让一部分人先富起来”虽然促进了东部发达地区的经济发展和人民生活改善，但是放眼全国，这种发展是建立在“不平衡、不充分”基础上的，是在牺牲中西部利益的基础上带来的发展。对于东部地区来说，已经到了“东部反哺西部”“东部帮扶西部”的历史阶段。全国上下一盘棋，同心协力促脱贫。国家要积极地调动和协调东部地区的积极性，利用自己雄厚的财政基础、先进的科学技术以及发展经验，融入到国家精准扶贫的大局中，实现结对帮扶，提高帮扶的效率和水平，贫困地区应该抓住东西联动的机遇，虚心学习，奋力发展。此外，40多年的改革开放，催生了一大批有社会责任感、有担当的社会企业，他们“急社会之所需，想人民之所想”，用自己的实际行动开展了丰富多彩且成效显著的扶贫活动，例如社会捐赠、建立希望小学等，国家应该支持和鼓励社会企业和个人的捐赠，对扶贫工作做出突出贡献的企业和个人进行税收优惠和表彰，努力培育互帮互助、乐于奉献的良好社会氛围，构建脱贫攻坚社会支持体系。

六、提高人文关怀，重建邻里社区关系

按照费孝通在《乡土中国》中的说法，我国社会是乡土社会，维持乡土社会稳定的不是规章制度和契约精神，而是存在于农民之间的血缘关系和邻里纽带，正所谓“远亲不如近邻”。在我国农村没有集中供养和集体救助的传统，大部分都是家庭养老，亲属邻里扶持，将自己的晚年生活和困难求助寄托在后代子孙以及左邻右舍上。针对中国人千百年来所秉持的养老传统和求助习惯，提高扶贫的效果，需要对兜底对象实行集中供养和分散供养相结合方式，并辅之以多种救助方式协调发展与和谐并存。对于兜底对象来说，他们已经失去了自我照顾的能力，所以我们一般是对兜底对象实行直接供养的方式，保障他们能够吃饱、穿暖。对于“失能”的兜底对象，左邻右舍、亲戚朋友一般会采取敬而远之的态度，政府或社区要出台一定的政策和法规，积极引导和动员和兜底对象有亲属关系和地缘关系的亲朋好友提供

帮助，并制定一定的奖励措施，发挥亲戚邻里对兜底对象的帮扶作用；由于经济的发展和社会的进步，农村社会发生了翻天覆地的变化，人口流动变大，原有的差序格局传统和为人处世习惯受到了剧烈的冲击并逐渐解体，农村人口的同质性降低，异质性增强，人际关系变得冷漠，兜底扶贫离不开社区关系的重建，弘扬传统文化，构建和谐社区，增强社区凝聚力，努力在社区营造互帮互助、相互扶持的良好氛围，织牢兜底对象的社会支持网络；根据贫困地区的人口分布、社会条件以及区域情况，科学布局社会福利机构，促进民办福利机构的壮大与发展，对于那些没有亲戚朋友、缺乏社会支持网络的兜底对象，要实行社会福利机构的集中供养，将他们集中在邻近生活场域的政府或民间福利机构，吃穿住由机构全面负责，同时，政府应该出台相关的政策和税收优惠措施，提高民间福利机构参与对兜底对象集中供养的积极性。

七、狠抓已有政策落实，加强后续政策规划

为了限时打赢脱贫攻坚战，实现全面小康，从中央到地方制定了一系列扶贫、脱贫的政策、法律和措施，如产业扶贫政策、搬迁脱贫政策、兜底扶贫政策等，可以说，扶贫脱贫的政策措施和法律保障已经比较完善。扶贫脱贫的政策关键在于落实，政策再好，不能严格落实，便会成为一张白纸。在扶贫的大潮中，基层政府，特别是偏远山区对中央扶贫政策没读透、不理解、曲解文件精神的现象时有发生，从而影响了扶贫的进度和脱贫的效果，甚至产生了不良的社会影响。中央政府或者是基层的上级政府应该加强对扶贫政策的宣传与解读，组建扶贫政策宣讲团，上山下乡开展扶贫政策的宣讲和教育活动，提高基层政府和底层群众对扶贫政策的了解和认知，提高扶贫效率，保证脱贫效果；严格政策的落实，对那些偏离扶贫政策轨道，违背中央精神的基层政府和个人进行必要的惩戒，降低社会的不利影响，同时严惩贪污扶贫资源，谋求个人利益的行为；攻坚扶贫正如火如荼地开展，对于扶贫工作中出现的新情况、新特点，基层政府和人民群众要及时地反映与汇报，从而实现即时地补救和更正；设计和制定全

面脱贫之后的后续政策的计划和思考，巩固脱贫攻坚成果，保证脱贫人口不再返贫。

第三节 小　结

重庆市武陵山片区兜底扶贫是一个复杂的系统工程，要认真领会和贯彻习近平总书记有关扶贫攻坚的思想和精神，政府部门精准施策，社会各阶层积极参与。第一，坚持加快发展与扶贫攻坚相结合。把保障和改善民生作为发展的出发点和落脚点，通过片区发展为扶贫攻坚创造更好的基础条件，有效提高扶贫攻坚整体工作水平，使各族群众特别是贫困人口共享发展和改革成果；通过扶贫攻坚加快脱贫致富步伐，激发广大群众参与发展的积极性和创造性，有力推动和加快片区发展。第二，坚持加快发展与改革创新相结合。把解放思想、转变观念，大胆探索、锐意创新作为推动区域发展与扶贫攻坚的强大动力，深化重点领域和关键环节的改革，允许在相关领域先行先试。促进区内优势互补与协作发展，积极推进区域一体化建设，加强对外交流合作，打造全方位对外开放和全社会扶贫新格局。第三，坚持加快发展与保护生态相结合。以资源环境承载力为前提，以产业园区为重要载体，优化产业结构和空间布局。集约节约利用资源，严格保护耕地，改善生态环境。坚持高起点规划、高标准要求、高水平建设，走新型工业化、城镇化和农业现代化道路，切实转变经济发展方式，促进经济发展和生态建设形成良性互动格局。第四，坚持市场调节与政府引导相结合。充分发挥市场机制在资源配置中的决定性作用，加快区域经济发展步伐。更加注重发挥政府政策的引导作用，大力促进各种资源向最困难的地区、最贫困的人口倾斜，确保贫困群体优先受益。第五，坚持统筹协调与突出重点相结合。促进连片特困地区发展是一个系统工程，既要着眼长远打牢发展基础，又要立足当前解决突出问题；既要统筹区域整体发展，又要着力突破最薄弱环节；既要通盘考虑总体规划，又要分步实施稳步推进。第六，坚持自力更生与国家支持相结合。

片区广大干部群众是促进区域发展和扶贫攻坚的主体，要继续发扬不等不靠、自强不息和艰苦奋斗精神，不断增强自我发展能力；国家加强规划引导和政策指导，进一步加大投入力度，并广泛动员社会各界参与扶贫开发，解决片区发展的特殊困难。

第五章　乡村振兴背景下民政兜底的思考

2017 年 10 月，习近平同志在党的十九大报告中提出乡村振兴战略，农业农村农民问题是关系国计民生的根本性问题，必须始终把解决好“三农”问题作为全党工作的重中之重，实施乡村振兴战略。近几年中共中央、国务院连续发布中央一号文件，对新发展阶段优先发展农业农村、全面推进乡村振兴作出总体部署，为做好当前和今后一个时期“三农”工作指明了方向。国务院总理李克强 2018 年 3 月在《政府工作报告》中强调，要大力实施乡村振兴战略。2018 年 9 月，中共中央、国务院印发了《乡村振兴战略规划（2018－2022 年）》，指导和要求全国各地区各部门结合实际认真贯彻落实。2020 年，虽然困扰中华民族几千年的绝对贫困问题已经历史性地得到解决，然而“脱贫摘帽不是终点，而是新生活、新奋斗的起点”。要在巩固拓展脱贫攻坚成果的基础上，做好同乡村振兴的有效衔接。2021 年 2 月 21 日，中央一号文件《中共中央、国务院关于全面推进乡村振兴加快农业农村现代化的意见》发布；2021 年 2 月 25 日，国务院直属机构国家乡村振兴局正式挂牌；2021 年 3 月，中共中央、国务院发布了《关于实现巩固拓展脱贫攻坚成果同乡村振兴有效衔接的意见》，提出重点工作，势必要做好乡村振兴这篇大文章。

虽然现阶段我们已经摆脱了绝对贫困的困扰，然而针对无劳动能力、体弱多病对象的社会救助和帮扶却是一个持续不断的过程。社会政策一般包含三个领域，它们分别是社会保障、医疗卫生以及个人社会服务，可见，社会政策是影响公共福利的国家行为，一个国家的福利政策不仅是出于人道主义的考虑去满足需要，还是对维持社会秩序和稳定做出的努力。① 当前，我国正处于巩固脱贫攻坚成果向乡村振兴转变的过渡时期，在此背景下民政兜底和社会救助面临着新形势、新任务。

第一节　民政兜底对象的分类识别、跟踪与回访

要坚持将民政兜底对象的需求和贫困状况进行量化，即把兜底户家庭规模、面临的生活困境、需要的救助资源等尽量用量化的数据呈现出来。根据量化数据所呈现出的现实状况，对民政兜底家庭进行分类并登记造册。民政兜底家庭根据困难和需求的不同，大致可以分为以下几类。

第一，重大疾病导致家庭困境。在农村，医疗是长久以来困扰农民脱贫致富的主因之一，昂贵的医疗支出让农民家庭生活难以得到实质性的改善，而且重大疾病也往往成为农民返贫的主要原因。在民政兜底家庭中，有一部分是因为家庭成员得了重大疫病而导致家庭劳动力丧失，经济收入中断，生活难以为继，从而陷入绝对贫困状态。针对重大疾病导致生活无法继续的家庭，政府应该制定专项政策，实施大病救助，提高此类家庭的医疗报销比例。

第二，精神疾病导致生活无法自理。在实地调查中，有一部分民政兜底家庭中有精神疾病患者。精神疾病患者不仅让困难家庭丧失了劳动力，同时需要占用一名身体健康的家人对其照顾。在农村中，因为贫困，单身汉难以娶到媳妇，只有选择与精神疾病患者结婚，延续家庭的香火。然而，因为精神疾病具有一定的遗传性，导致精神疾病的代际传递，更进一步增加了家庭的负担。对于此，政府要对有困难的精神疾病患者家庭实施一定的医疗救助，免费提供基本的精神类药物，或提高精神类疾病的合作医疗报销比例。此外，要合理引导精神疾病患者的嫁娶，防止精神疾病代际传播给家庭带来更大的负担。

① ［英］希尔．理解社会政策［M］．刘升华，译．北京：商务印书馆，2003：12－13.

第三，突发变故导致生活难以为继。对于大部分刚刚脱离绝对贫困的农村家庭来说，其经济基础不够稳定，致富能力较薄弱。他们一旦遭遇突发变故（例如交通事故、自然灾害等）就会重回贫困状态。对于此类别的困难家庭，要随时监控和跟踪其家庭发展状况，在稳固脱贫成果的同时，及时对其进行应急性救助。

第四，鳏寡孤独导致无生活来源。对于丧偶且无子女帮扶的老人，要定期组织人员进行探望，并给予生活保障。对于生活能够自理的老人，提倡他们相互帮助、相互扶持，集体养老。对于失去劳动能力且生活无法自理的老人，分片区集中修建养老院，将他们集中供养起来。同时，政府部门要对养老院的日常运营、服务质量进行不定期评估，尽力保证生活不能自理老人的生活质量。实施教育兜底政策，免除身体健康、智力正常的孤儿一切学杂费，并给予足够的生活补助，让他们能顾接受正常的学校教育。对于身体残疾、智力欠缺的儿童，开展特殊教育救助；对于没有学习能力的儿童，集中收归福利院，保证其吃穿住。

针对以上四种类型的困难家庭，要分层分类实施社会救助，健全低保标准的制定和动态调整机制。要对其进行困难状况追踪和回访，随时关注他们的生活状况变化，防止他们因为自然灾害、家庭变故等因素重返贫困。完善农村特困人员的救助供养制度，合理提高救助供养水平和服务质量，精准识别，应救尽救。

第二节　设立临时救助和专项救助体系

民政兜底政策主要关注如何缓解社会疼痛，保障无业可扶，无力脱贫人口的生存和生活问题，织密兜牢丧失劳动能力人口基本生活保障线。目前，民政兜底保障协调机制还不够健全，民政兜底保障困难群体，既需要发挥民政部门的牵头作用，也需要相关部门的积极配合和支持。但当前民政工作协调机制尚不完善，协调部门支持、动员社会力量参与、整合拓宽民政工作资源还不多。有关兜底对象的帮扶，我们要先明确的一个问题是：“它究竟是不是短暂的或者暂时而并不是持久稳固、长期存在问题。"[①] 要进一步健全和完善临时救助制度，建立健全部门协同、信息共享、慈善衔接机制，加强"先行救助""转介服务"的落实力度。简化临时救助申请审批程序，逐步推进临时救助向常态化救助转变，健全急难对象主动发现和快速救助机制，对那些脱贫后遭遇突发事件、意外伤害、重大疾病或其他特殊原因导致的基本生活陷入困境的家庭或个人及时给予应急性和过渡性救助，实现"应救尽救、兜底救助"。

设立农村特殊人群关爱和专项救助机制。强化救济式扶贫，有效实现兜底政策、兜底项目、兜底资金与兜底对象之间的连接和互动。对因病、因灾等特殊原因和突发原因造成的生活暂时陷入困境的家庭，以及收入略高于最低生活保障水平但生活确有困难的低收入家庭实施阶段性的临时救助。另外，要设立专项资金，对地区性的、区域性的专项困难实施精准救助，建立健全城乡一体的医疗救助和重特大疾病救助体系，深化"救急难"工作。健全减灾救灾应急体系，提升减灾救灾应急救援能力。制定自然灾害标准化救助办法，加强救灾物资储备，健全救灾应急联络员制度，做好自然灾害信息核报工作，实现成员单位灾害信息共享；加强救灾应急快速反应队伍建设，广泛开展防灾减灾知识宣传教育，普及防灾救灾知识。

此外，要加快审批权的下放，简化审批程序，提高服务效率。早前，低保对象的筛选机制存在一定的失灵现象，在低保的审批环节，程序复杂、工作量大、工作力度不明显。又加之基层低保审批人员综合素质不高以及人情社会的影响，低保的申报存在走后门、托关系的现象，低保制度有时并没有惠及最需要救助的困难家庭，许多本应该排除在低保行列的人群进入了低保行列，导致了紧张的干群关系甚至是干群冲突。民政兜底对象审批权下放，街道、社区民政兜底对象审批责任到人，实施网格化管理，激发基层服务人员的责任心和工作积极性。同时，要发挥网络信息化技术的优势，推行大数据管理，减少"骗保""关系保""漏保"现象的发生，提高民政兜底对象

---

① ［美］迪尼托．社会福利：政治与公共政策（第五版）［M］．何敬，葛其伟，译．北京：中国人民大学出版社，2007：79.

的精准识别。

第三节 让乡村振兴的成果惠及民政兜底对象

社会福利的主要决定因素是经济。在精准扶贫阶段，我国需要脱贫的人口众多，帮扶的区域规模较大，民政兜底的资金相对有限，兜底保障的整体水平不高，与困难群众的期望和需求还有一定的差距。大部分村镇和地区安排的兜底资金仅能满足和保障困难群众的基本生活，如果一个家庭一旦遭遇突发事故、罹患重大疾病，兜底保障很难再见成效。无疑，在农村摆脱绝对贫困后，乡村振兴将是整个农村经济社会发展的重要推动力。而乡村振兴促进了农村地区经济的发展，势必为民政兜底工作的开展提供更加坚实和丰富的物质基础。要让乡村振兴的成果惠及民政兜底对象。

首先，提高兜底对象的帮扶力度和水平，促进困难群众基本生活兜底保障水平不断提升。乡村振兴会进一步提升农民的生活水平和致富能力，农村也会因为乡村振兴战略的实施大幅提升农民的经济积累。在乡村振兴背景下，要进一步健全农村低保保障标准的动态调整，不断提升农村低保标准，让更多符合低保条件的贫困人口能够进入农村低保的保障范围。此外，乡村振兴下的民政兜底要由生活救助型向综合救助型转变，在兜底对象“不愁吃不愁穿不愁住”后，要提升兜底对象的生活质量，物质救助之外要增强情感陪护、生活照顾等服务型救助项目。

其次，加强基层民政能力建设，充实基层社会救助队伍。民政工作事务繁杂、服务对象众多，且面向的大多数为困难群众、弱势群体。基层民政人少事多，基层工作人员待遇低、疲于奔命的现象明显，严重影响了民政兜底工作的有效开展，导致基层民政能力建设与兜底脱贫工作不相适应。为了解决这些问题，第一，要充分借助乡村振兴的东风，通过公开招考、调剂编制以及政府购买服务等方式，确保每个乡镇，甚至是每个村落配备足够的民政工作人员，解决人少事多的问题；第二，地方政府、乡镇以及村落要将乡村振兴过程中积累的资金和资源，拿出一定比例，适度提高基层民政工作人员的工作补贴，社会救助工作在基层有了经费保障，基层工作人员的工作热情和积极性势必大幅提升。

最后，提升乡村治理体系和治理能力。目前，农村基层管理中普遍存在村干部年龄偏大、村内党员发展滞后、人才流失严重等问题。在乡村振兴下，要加强基层领导干部的培训与教育，提升他们的乡村治理能力。此外，充分发挥“乡贤”的作用。在实际的乡村治理规程中，“新乡贤”与其他参与主体相比具有不可替代的优势。“新乡贤”参与乡村治理，可以推动乡村治理参与主体的多元化，“新乡贤”利用自己的智慧和威望，能够减轻基层政府和“村两委”的工作压力，缓解农村中普遍存在的干群冲突；同时，“新乡贤”的参与还可以加强各参与主体间的沟通和交流，很好地承担“桥梁”和“纽带”的作用；而且“新乡贤”的参与提升了村民自我管理、自我监督、自我发展的能力和水平，由“新乡贤”带领的村民自发形成的各类团体组织，不仅有利于社会资本的培育，还有利于增强村民的政治参与能力。实施乡村振兴是完善乡村治理、缩小城乡差距、实现中华民族伟大复兴的必由之路。要想实现这一伟大的民族目标，不仅要不断完善基层治理结构，形成协同共治的良好局面，还要充分挖掘乡村传统文化，推动“新乡贤”文化的弘扬和发展。将“乡贤”纳入乡村治理和乡村振兴的网络中来，有利于促进农村自组织治理现存的规范化、科学化，推动基层社会治理的现代化。

第四节　完善社会保险计划，阻止脱贫户再次返贫的可能性

疾病、年老、残疾、缺乏工作技能、家庭不稳定、受歧视、失业以及普遍的经济衰退都有可能导致部分贫困人口无法生计，从而陷入社会救助的范围。实现脱贫和完成兜底的困难家庭的经济基础依然不稳定，生活中总会有很多的意外时刻威胁着他们的生活。预防他们再次陷入贫困的一种方法是通过参加保险来抵御各种偶然发生的事故。社会保险提供了一种相对简单和理

性的方式来应对贫困。[①] 利用保险的保障和补偿机制可以抵御生活中突发事故、偶然事件和自然灾害。社会保险计划通过按期缴纳保险金来阻止他们自身陷入生活困境的可能性，而这种生活的困境往往是一些像失去工作、养家糊口的人死亡、年老或残疾等因素造成。

为了防止脱贫户因为突发生活变故再次陷入困境，甚至成为民政兜底对象，要设立专项社会保险，为他们的未来生活提供保障。关于保险金的来源可以分为以下几种形式：第一，政府不再为脱贫户提供直接的经济和物质援助，而是将此类支出纳入到专项社会保险中，当脱贫户遭遇生活中的突发不幸时，提取一定数额的社会保险金实施应急性救助；第二，利用乡村振兴带来的发展红利和资本积累，对专项社会保险进行一定比例的支持；第三，面向全社会开展专项社会保险的捐助行动，扩大其资金规模。

第五节　减少民政兜底对象形成对救助的依赖心态

在对民政兜底对象开展救助和兜底的过程中我们发现几种现象：第一，对兜底对象分发的救助资金并没有完全用于他们生活的改善和保障，而是被家庭其他成员占用或另作他用；第二，对民政兜底户的救助导致某些家庭中部分身体健康、具有一定劳动力的家庭成员放弃了主动工作的意愿。简而言之，对生活困难的家庭进行的兜底救助，容易导致兜底户产生对社会救助的依赖心态。

民政兜底严格来说是对身患残疾、精神异常、年老体弱的个人开展救助，很多时候并非困难户中的所有成员。所以，民政兜底必须要更加准确地判断困难对象的需求，提高计划的管理，减少欺骗和滥用行为，减少兜底户对社会救助和帮扶的依赖心理。首先，工作代替福利，在乡村振兴下，要力争让兜底户中具有一定劳动能力的家庭成员参与到乡村建设中来，承担一定

① ［美］迪尼托．社会福利：政治与公共政策（第五版）［M］．何敬，葛其伟，译．北京：中国人民大学出版社，2007：110.

的工作和劳动责任；其次，加强对民政兜底资金和物资发放的监管，让兜底资金真正落实到每一位兜底对象身上；最后，鼓励父母建立或维持双亲家庭，防止父母只领取救助资金和物资却不关心对残疾儿童或精神异常孩子的监管与照顾。

附录

一、秀山县兜底政策调研报告

（调研时间：2018 年 6 月）

在各地的调研过程中，我们紧紧围绕调研主题，详细观察兜底对象体现出来的外在表现特征以及针对他们的一些特有政策和措施。在具体的扶贫攻坚大潮中，兜底对象获得的优惠政策和帮扶要比其他贫困户多一些，政策效益同样也是最好的。下面，我们选取秀山县的调研情况做简要的论述。

（一）秀山县调研概况简介

在秀山县的几天时间里，我们陆续走访了秀山县扶贫办、梅江镇政府、石耶镇政府、八幅村（古牛荡组、天堂组）、民族村、鱼梁村。在对“兜底户”的实地调研中，我们主要围绕三个问题展开访谈：医药费够不够；教育支出是否有困难；有没有饭吃、能不能吃饱。我们想真正了解兜底对象的基本生活和最迫切的需求。在我们走访的村落中，普遍存在扶贫人口基数大、扶贫任务重的问题。在全国上下脱贫攻坚的大潮中，各级政府和相关机构都在计划和制定符合本区域特色的扶贫政策与措施。由于交通不便、地域偏远、贫困户分散、贫困面积大等客观情况，导致各个基层的扶贫进度不尽相同。在我们调查期间（2016 年），秀山县一些偏远贫困地区的某些扶贫工作刚刚开始，例如搬迁扶贫，扶贫的任务相当繁重。

扶贫攻坚在国家和各级政府的积极动员下，扶贫脱贫显然已经成为社会各界的共识。在我们的实际调研过程中，我们深刻地体会到社会各界对贫困户的帮扶和慰问是全面的、多样的，基本上每一家兜底贫困户都有低保、贫困帮扶、慰问金、医疗救助以及教育补贴等，对他们来说基本的生活没问题。同时，国家在扶贫攻坚工作中发挥着不可替代的主导作用，国家通过出台法律、政策、文件来宏观把握扶贫攻坚的大方向，在国家的指导和引领下，各级地方政府通过制定相关配套措施、派出驻村干部、发展地方产业等，帮助贫困户脱贫致富。针对一些具有一定劳动能力的贫困户，基层政府通过产业上的帮助来使他们摆脱贫困。例如，在新建搬迁房建设工程中，政府会优先考虑具有一定劳动能力的贫困户参与到工程建设和扶贫脱贫工作中来，既可以实现搬迁脱贫，又可以给当地贫困户提供就业机会，增加他们的经济收入。例如八幅村村民王大娘，年龄60岁，常年身体不太好，但又没有钱看病，大部分时候都是自己硬拖着。她的老伴是主要的家庭劳动力，家中主要靠种一点玉米谋生，收入微薄。唯一一个儿子因为车祸丧生，媳妇改嫁，留下两个孙子，一个孙子8岁，上小学，跟着王大娘，学校减免了这个孩子的学杂费，平时只需要给孙子几元钱的零花钱；另一个孙子10岁跟着外婆。鉴于王大娘的家庭情况，村支书杨书记给她介绍在村里扫大街，做道路保洁，一个月的工资是400元，在一定程度上减轻了家庭负担和贫困程度。

在各村，评选贫困户一般采用的是“投票选举”的方式，村民通过对本村各户的了解，投出自己认为贫困的家庭，然后由村干部集体开会讨论，形成最终名单上报上一级政府。例如：八幅村一共500多户，有30多户贫困户，他们都是通过“投票选举”产生的，具体的操作流程是先把在本村的村民召集起来，利用开月坝会（每个月的月末召开一次村民代表大会，搜集民情，通报村委会本月的工作和下月的计划）的机会，村民评选本组内的贫困户。并不是所有的村民都会参加，而是各个村组派几名平时表现积极、有社会责任心、村内威望高的村民代表参加，在外打工的也参与不了。

横在兜底贫困户面前最大的“拦路虎”是因病致贫。根据我们的调查发现，对于贫困户和兜底对象的帮扶力度和范围已经比较大了，特别是在农民子女教育方面，幼儿园、中小学以及大学都设置了教育补贴政策和助学金等制度，如果贫困户的子女学习比较好，那么他们能够比较顺利地读完大学，在我们的访谈中，贫困户也明确表示子女的教育扶持和补贴力度很大，已经基本不会给贫困户带来很大的经济压力。目前对于贫困户来说，最大的经济支出是看病治病，主要体现在以下几个方面：第一，由于贫困户大多数是居住在深山或者是偏僻的地方，看病时交通不便，提高了看病成本；第二，贫困户健康意识和养生保健知识缺乏，又加之经济贫困，对病情不重视，不能及时就医，导致贻误病情，小病变大病；第三，生病住院，就医看病花费大，虽然农村合作医疗保险的报销比例已经比较高，但对于大病来说，贫困户依然难以承担。

秀山县扶贫攻坚的工作亮点和扶贫措施典型是干部驻村扶贫。秀山县派出精干人员担任驻村干部，实行驻村干部片区化管理制度，一位驻村干部负责一个村或几个村的扶贫攻坚工作，带领和帮助所辖范围内的贫困户脱贫致富，提高了工作效率和脱贫效果。制定“精准扶贫干群结对帮扶明白卡”（见附表1），并张贴于贫困户房屋的显眼位置，实现点对点帮扶。下面我们将秀山县干部驻村扶贫的情况做简要的概述。

（二）基层扶贫路上的引路人——驻村干部[①]

扶贫驻村干部作为最基层的农村干部，肩负着帮助农村搞好基层党组织建设，带领广大群众发展农村经济，维护社会和谐稳定，建设美丽新农村的重任。驻村干部一般包括驻村工作队、帮扶单位（责任人）和“第一书记”等，他们的主要工作内容有：对贫困户的脱贫需求进行摸底，帮助贷款贫困户提出项目建议，引导贫困户申请贷款，协助核实贷款贫困户情况和贷款回收，监督贷款贫困户资金使用，为贫困户提供市场信息，协助联系技术部门提供技术服务等。驻村帮扶不是仅盯着一时一事，而是体现帮扶的综合内容和综合措施，它需要硬件建设与软件建设的配套与协调，所追求的也不仅是收入的增加，更应是村民幸福指数的提高。秀山县委县政府认真贯彻执行市委组织部和市扶贫开发领导小组《关于进一步加强驻村帮扶助推脱贫攻坚的通知》精神，坚持把“第一书记”和驻村工作队的选派和作用发挥作为统筹推进脱贫攻坚各项政策举措落地落实的有力抓手，坚持用“绣花”的功夫选优选强、严抓严管、有奖有惩、实查实导，充分发挥了“第一书记”和驻村工作队员作为脱贫攻坚一线生力军的作用，有力推动了秀山精准脱贫由“外部输血”向“内部造血”转变。为了充分发挥驻村干部在扶贫攻坚工作中的重要作用，秀山县政府主要从以下几个方面来调动驻村干部参与扶贫的积极性。

① 资料来源：秀山县扶贫办。

附表 1

梅江镇精准扶贫干群结对帮扶明白卡

<table>
<tr><td rowspan="4">基本信息</td><td>户主姓名</td><td>杨某某</td><td>家庭住址</td><td colspan="3">八幅村天堂组</td><td rowspan="12">帮扶干部</td><td>姓名</td><td>程某</td><td rowspan="4">照片</td></tr>
<tr><td>家庭人口</td><td>4</td><td>劳动力个数</td><td>2</td><td>计划脱贫年度</td><td>2016</td><td>联系电话</td><td>1502325 ****</td></tr>
<tr><td rowspan="2">致贫原因</td><td colspan="5" rowspan="2">因病，儿子患有间接性精神病</td><td>帮扶单位</td><td>梅江镇政府</td></tr>
<tr><td>职务</td><td>大学生村官</td></tr>
<tr><td rowspan="8">帮扶措施</td><td colspan="6" rowspan="8">1. 购买城乡居民医疗保险 3 人
2. 购买一份农房保险
3. 购买农村扶贫小额保险 4 人
4. 生猪养殖 2 头，8 包饲料
5. 购买大病医疗补充保险 3 人
6. 硬化入户便道 20 米
7. 教育资助——义务教育资助 1 人，学前教育资助 1 人
8. 低保兜底——农村低保 2 人
9. 引导就近务工</td><td>姓名</td><td>杨某某</td><td rowspan="4">照片</td></tr>
<tr><td>联系电话</td><td>1509595 ****</td></tr>
<tr><td>帮扶单位</td><td>八幅村委会</td></tr>
<tr><td>职务</td><td>妇女主席</td></tr>
<tr><td>姓名</td><td></td><td rowspan="4">照片</td></tr>
<tr><td>联系电话</td><td></td></tr>
<tr><td>帮扶单位</td><td></td></tr>
<tr><td>职务</td><td></td></tr>
</table>

1. 坚持统筹选派，确保人岗相适。

（1）紧贴需求，因村选派。组成26个调研组深入26个乡镇85个贫困村把脉会诊，查找存在问题，分析致贫原因，研究脱贫措施，把贫困村的最大需求搞清楚。在此基础上，按照“经济部门驻穷村、党群部门驻弱村、业务部门驻产业村”的原则，有针对性地开展选派工作，实现了贫困村需要和工作组、“第一书记”的特长有机结合。

（2）坚持标准，严格选派。人选条件坚持质量第一。县委组织部按程序认真把好人选政治关、品行关、廉政关和能力关，确保选派人选质量。2015年，《关于选派县级机关干部到贫困村任第一书记及组建扶贫攻坚驻村工作队的通知》规定，从县级部门中选派部门副职、副调研员和优秀年轻干部85人任贫困村“第一书记”，兼任85个驻村工作队队长，选派85名“两委员一代表”，340名县级部门、国有企业、乡镇（街道）机关干部。

（3）应派尽派，全面覆盖。针对非贫困村也有大量贫困人口的实际，为深化脱贫攻坚和巩固脱贫成果，2016年3月，对驻村工作力量进行了调整充实。按照单位推荐、组织审查和谁联系、谁选派，分级负责、属地管理、应派尽派的原则，向130个非贫困村选派“第一书记”130名，组建驻村工作队130支，选派驻村工作队员260名，实现了贫困村与非贫困村干部驻村帮扶全面覆盖。

2. 强化各种保障，确保驻村驻心。

（1）加强工作保障。全面落实驻村工作队员的工作补贴和人身意外伤害保险，2016年，县财政及时为每个驻村工作队足额落实工作经费30000元，用于解决驻村工作队住房、购置日常办公用品、炊具购置和生活支出，确保驻村队员办公有场所、住宿有房间、吃饭有去处、驻村有补助、工作有经费，真正能够住得下。2017年县财政又为每个驻村工作队按每人每月1000元标准落实驻村工作生活补助，确保驻村工作队安心驻村开展工作。从重庆市调研组实地调查情况来看，所有驻村干部生活、办公、住宿等设施一应俱全，真正做到了工作能自转、生活能自理、矛盾能自解。

（2）强化正向激励。大力开展“三比三看”竞赛活动，即比作风，看谁的作风硬；比方法，看谁的办法管用；比业绩，看谁的实绩更突出。通过

"三比三看"，培树典型，推动驻村工作开展。强化驻村工作考核，通过日常考核、业绩考核、年度考核和任期考察多重方式对"第一书记"履职情况进行考核，对脱贫攻坚工作做出突出贡献的"第一书记"、驻村工作队员进行表彰、提拔重用。2017 年以来，全县提拔"第一书记"任乡镇正职 7 人、部门正职 1 人。加大对优秀驻村工作组和驻村干部的奖励力度，对成绩突出的工作组和先进个人给予表彰。在"秀山卫视"开辟"驻村帮扶"，着力营造良好社会环境和舆论氛围，掀起驻村干部积极主动投身工作的热潮。

（3）注重问责惩戒。对工作不落实、推进情况差的乡镇和部门进行通报；对帮扶不力的限期整改，整改不到位的约谈相关责任人；对不履职或履职不到位、工作成效差、群众不满意的驻村干部取消年度考核"优秀"等次、评先选优参评资格。把驻村帮扶工作运行情况纳入派员单位领导班子和领导干部、县乡党委政府领导班子和领导干部脱贫攻坚年度考核。通过建立督查通报和责任人约谈等制度，把导向立起来，让规矩严起来，确保任务落实到人。自 2016 年以来，全县约谈派出单位一把手 8 名，批评、处罚作风飘浮、不在状态驻村工作队员 36 名，提拔重用表现突出的驻村干部 12 名。

3. 抓实培训指导，确保愿干会干。

（1）全员抓培训。县级重点培训"第一书记"，各乡镇（街道）重点培训驻村工作队队员，重点围绕扶贫政策、脱贫攻坚业务、扶贫资金及项目管理、产业发展、农村电商、农村基层党建、驻村工作基本方法等内容，综合运用以会代训、专题培训、现身说法、经验交流等多种形式开展培训，着力提高贫困村"第一书记"和驻村工作队政策业务水平，解决驻村工作"干什么、怎么干"的问题。充分发挥驻村干部在脱贫攻坚中的引导、示范、联络、桥梁"四个作用"，并组织"第一书记"参与脱贫攻坚交叉督查、重点工作检查、年度考核工作，促进互相学习交流，形成比学赶超浓厚氛围。2015 年以来，全县共组织大规模的集中培训 3 期，实现了培训指导全覆盖。

（2）着力抓指导。建立市管领导包片联乡、部门联村和县乡机关干部、贫困村党员干部联户的脱贫攻坚工作机制，由县委、县人大常委会、县政府、县政协主要领导包片联系，所有市管领导干部分别联系 1 个乡镇（街道）指导驻村帮扶工作，107 个县级部门、国有企事业单位等对口帮扶 26

个乡镇（街道），挂钩联系 85 个贫困村，并在帮扶作用发挥好、工作推进质量高的乡镇召开现场会，交流工作经验，研究分析问题，形成整体合力。由牵头单位定期不定期组织政策咨询和业务对接，推动政策制定者和脱贫攻坚一线操作者面对面开展交流，帮助驻村干部吃透政策、开拓思路。

（3）紧盯满意度。坚持把群众满意作为驻村工作的出发点和落脚点，要求驻村干部带政策解“惑”、带项目解“困”、带技术解“难”、带真情解“忧”，自觉做熟悉农村情况的“知情人”、与农民肝胆相照的“贴心人”、为群众排忧解难的“热心人”。

4. 坚持严抓严管，确保精准帮扶。

（1）实行捆绑联村。强力推行派出单位与驻村干部进行项目、资金、责任“三个捆绑”，使干部驻村成为部门结对、单位联村重要纽带，充分利用派出单位职能优势、资源优势助推脱贫攻坚。2015 年下发的《关于选派县级机关干部到贫困村任第一书记及组建扶贫攻坚驻村工作队的通知》，明确了联系领导为贫困村帮扶脱贫攻坚的第一责任人，帮扶单位为第一责任单位，驻村工作组具体负责制定和实施脱贫攻坚项目规划，“第一书记”为脱贫攻坚项目实施的直接责任人。县主要领导每半年听取一次驻村工作汇报，联系领导每两个月听取一次帮扶单位、驻村工作组、“第一书记”的情况汇报；帮扶单位每两个月集中研究一次帮扶贫困村脱贫攻坚工作；驻村工作组每周召集“第一书记”、村两委成员研究脱贫攻坚项目推进情况。建立任务清单、责任清单、问题清单三项清单制度，定期发送脱贫攻坚任务通知书，实现年度脱贫目标、任务、责任和成效检验到人。

（2）严抓日常管理。秀山县制定印发《贫困村党组织第一书记管理办法》《关于进一步强化脱贫攻坚组织措施的通知》《关于进一步严明工作纪律做好脱贫攻坚工作的通知》，要求“第一书记”与驻村工作队员必须与原单位工作完全脱钩，全身心投入驻村帮扶工作。对驻村工作严格落实派出单位主体责任、单位主要负责人的第一责任、驻村工作队的直接责任，实行“第一书记”与县级部门、驻村工作队员与乡镇（街道）责任捆绑。建立“工作日志、定期汇报、教育培训、考勤和请销假、联系群众”等制度和严明工作纪律的要求，确保“第一书记”、驻村工作队每月驻村工作 20 天以上。

（3）狠抓督查考核。县委成立9个脱贫攻坚片区督导组，联合县纪委、县委组织部4个驻村工作作风专项督查组，通过明察和暗访两线并行，围绕乡镇机关职工“住读”，驻村工作队“吃住在村、工作在村”等制度落实情况和“两不愁三保障”、漏评错退等扶贫政策落实情况开展督查，实行“一督查、一通报、一点名、一追究”制度。对懒政怠政、失职渎职等不作为问题决不护短、不遮丑，先后点名通报了22个乡镇（街道）、76名不在岗的驻村工作队员。

在我们的调研中，驻村干部在基层扶贫工作中发挥着十分重要的作用，是脱贫攻坚的关键力量。第一，驻村干部经常深入调查研究本村贫困现状，谋划扶贫工作新思路，走村串户，召开群众院坝会，到贫困户家中，与村民促膝谈心，了解村民的家庭收支情况和家中疾苦，悉心听取村里老党员老干部对扶贫工作的建议和意见，经常与村干部一道商讨研究脱贫致富的新路子，奔走于县、镇各级政府部门之间，争取各项扶贫建设资金，协助解决村里存在的问题，通过深入调查研究和实地摸底，掌握第一手资料，对全村基本情况、经济发展现状、群众脱贫愿望和扶贫开发计划等有很深刻的认识；第二，与民同忧，解决群众燃眉之急，驻村干部大多数生在农村、长在农村，对农村有着深厚的感情，深知农民的疾苦，热爱农村劳动，将帮扶工作作为自己义不容辞的责任，生活淳朴节约，与老百姓同吃同住，不搞特殊化，想民之所想，急民之所急；第三，访贫问寒送温暖，把党和政府的关怀送到群众心中，驻村干部不仅将政府和社会的慰问金送到每一户贫困对象手中，还亲切地与他们拉家常，了解他们的所急所需，帮助解决贫困群众生产生活实际困难，体现党的关心和温暖，更使他们感受到了党和政府的关怀，增添了早日脱贫致富的信心和决心；第四，推动扶贫宣传，帮助群众了解国家的扶贫政策和措施，把党和政府的扶贫惠民政策宣传到位、到实，积极按照上级要求，通过多种形式向群众讲述在扶贫政策支持下国家和地方发生的翻天覆地的变化，细心解答群众疑虑，普及因学、因病等致贫可以享受到的惠民政策。总之，驻村干部是基层扶贫的关键力量，是基层脱贫致富的引路人。

（三）总结与启示

1. 兜底户的发展潜能是非常弱的。

相对于普通贫困户来说，兜底户由于自身的能力缺陷，发展潜能是非常有限的。具体的案例是：张某某患有先天性心脏病，不能干重活，也没有足够的钱去医治，仅仅依靠简单的药物来维持病情，他的妻子患有精神疾病，完全丧失劳动能力，家中有两个孩子，一个在上小学，一个在上初中，房子住在深山中，这样的家庭所面临的风险极大，如果男主人一旦突发心脏病猝死，整个家庭就完了。像以上类别的家庭，他们自身发展的潜能是非常小的，政府提供的资源也是最基本的，仅仅能够保障他们的基本生活。通过实地走访我们深刻地体会到对兜底贫困户医疗层面的救助和帮扶是他们最需要的。但是，很多贫困户一般患有慢性疾病，常年需要吃药甚至是住院，而面对贫困人口基数大、贫困财力和资源有限的客观情况，基层政府和社会各界将扶贫的大部分资金用于兜底户的治病住院方面是不可能的，也是不现实的。

2. 为了兜底而兜底，兜底对象的把握不准确。

扶贫兜底简单地说就是将那些因为老弱病残等原因导致丧失劳动能力的贫困户与普通贫困户区别开来，对他们进行集中供养或分散供养，以保障他们吃、穿、住等基本生活需求。在基层扶贫中，存在着兜底对象把握不准确，为了兜底而兜底的现象，原本针对特定对象的优惠政策没有得到切实的落实和贯彻。导致这种现象的原因包括以下几个方面：一是兜底户因为文化水平有限基本不能自行填报申请，所以兜底户一般是由各村或各村组推荐上来的，为了使本村或本村组的贫困户受益，一般存在夸大贫困程度、降低评选推荐条件和标准的现象，从而使不符合条件和标准的贫困户被评为兜底户；二是兜底户由于自身原因，往往成为本村落或本村组歧视和嘲笑的对象，大家敬而远之，由于兜底贫困户与村民日常交流缺乏，人际关系不好，导致一部分村民不愿意去评他。所以，对于评定兜底贫困户，首先要严格认定标准，社会保障兜底脱贫家庭为：贫困家庭中主要成员完全或部分丧失劳动能力，无法依靠产业扶持和就业帮助脱贫的家庭。其次是要规范认定程序：

（1）入户调查，各村对现有农村低保和建档立卡的贫困家庭逐一入户调查，详细记录其家庭人口结构、收入、财产、生活等状况，提出拟纳入社会保障兜底脱贫对象名单。

（2）民主评议，各村组织对拟纳入社会保障兜底脱贫对象进行民主评议，民主评议需要会议记录备查。

（3）初评结果公示，各村对拟确定的兜底保障对象名单在所在村进行公示，公示情况须有照片存档，公示时间为 7 天。

（4）乡镇审核，乡政府对社会保障兜底脱贫对象相关材料进行审核，审核后报县社会保障兜底脱贫对象认定工作领导小组办公室审批。

（5）县级审批，县社会保障兜底脱贫对象认定工作领导小组对乡镇上报的对象进行逐一审核，并组织重点抽查和复核，抽查率不低于 50%。

（6）审批结果公示，县社会保障兜底脱贫对象认定工作领导小组委托乡镇人民政府在乡镇政务公开栏和村务公开栏对拟审批结果进行公示，公示时间为 7 天，公示情况须有照片存档备查。公示期满后，对符合条件的，县民政局和县扶贫局将其纳入社会保障兜底脱贫对象范围，并采取适当的方式进行长期公示，不符合条件的，书面告之并说明理由。

3. 基层扶贫力量薄弱，留住扶贫一线人才是关键。

兜底户所在的区域一般是偏远山区，交通不便，生活水平低下，客观上对扶贫人才缺乏吸引力，一些刚毕业的大学生由于条件艰苦不愿意投身扶贫第一线。已身在扶贫一线的年轻大学生，因为条件艰苦，扶贫难度大、任务重等原因，出现了士气低下、干劲不足甚至逃避的想法。目前，驻村的扶贫干部一般是通过行政手段分配到扶贫前线的，为了提高驻村干部的积极性和工作热情，推动深度贫困乡镇群众早日脱贫致富，重庆市委组织部与市扶贫开发领导小组办公室出台《深度贫困乡（镇）驻乡驻村干部管理试行办法》，激励派驻到 18 个深度贫困乡镇的驻乡干部和驻村“第一书记”用心用情用力做好脱贫攻坚工作，确保“下得去、蹲得住、融得进、干得好”。秀山县建立市管领导包片联系、部门联村、乡镇干部和贫困村党员干部联户工作机制，把乡镇（街道）划分为 4 个片区，由县委、县人大常委会、县政府、县政协主要领导包片联系，27 名其他市管领导“一对一”联系指导乡镇（街道）扶贫攻坚工作。选派 85 名县级部门优秀干部担任贫困村“第一书记”，340 名“两代表一委员”、大学生村官和乡镇干部组建 85 个驻村工作队，吃在村、干在村，帮助贫困村理清思路、健全基层组织、推动精准扶贫。抽调 16 人成立 4 个片区督导组，采取“包片 + 交叉 + 集中”相结合的方式，督导乡镇（街道）扶贫攻坚主体责任落实、县级部门履职和“第一书记”、驻村工作队蹲点帮扶情况。

4. 扶贫脱贫是一个系统工程，工作复杂且需时间保证。

由于我国贫困户基数大、居住分散，又加之幅员辽阔，各地的风土人情和地形地貌具有很大的差异，实现脱贫致富不可能一蹴而就，它需要一定的时间作保障。在具体的扶贫脱贫工作中，政策是好的，但是因为面临着不同的人文风俗差异，有一些政策和工作在具体执行过程中面临着困难和压力，例如：对于贫困户搬迁建房，国家和地方政府有补助，但是由于生活习惯的问题，一些贫困户不愿意实行搬迁，需要基层政府进行劝导，所以最终实现搬迁需要很长的时间。同时，一些贫困户感受到了国家对于扶贫力度之大，自己充分享受到了一定的扶贫政策和帮扶，但是对于脱贫致富他们表现出了急躁的情绪，恨不得马上脱贫，过上富裕的小康生活，显然这是不可能的，这就需要基层干部在推进脱贫攻坚工作中，要时刻关注贫困户的心理动态，适时进行心理疏导，让他们正确看待脱贫的时间问题，对脱贫充满耐心。同时，部分驻村扶贫干部中也存在着只盯着拉项目和资金，没有把精力放在抓思路、抓方向和抓认识的现象，这种现象反映出基层干部不知道该咋干，没有找准定位、提出方案，结果自然会面临许多风险甚至失败，基层干部要克服这种浮躁心态，做好打硬仗的准备，各级干部，特别是冲在扶贫第一线的准村干部要结合当地实际，稳扎稳打，步步为营，找准贫困的根子，综合运用发展现代农业、寻求产业支撑等手段，合理规划脱贫路径，夯实稳固扶贫效果。

5. 杜绝出现“等、靠、要”等懒惰现象。

随着精准扶贫工作的深入推进，各项惠民政策纷纷落地，贫困群众享受到了实实在在的实惠。然而在这样大好形势下却出现了部分群众“等、靠、要”的不良现象。部分群众争当贫困户，存在“蹲在墙根晒太阳，等着政府送小康”的“等、靠、要”依赖思想。一些贫困户享受到政府和社会的资助之后，变得不求上进，仅仅依靠政府的救济金和低保金过活，不寻求生活上有多大的改变，不想脱贫，补助金用完之后，开始向基层的干部和政府要“扶助金”，对于这种贫困户脱贫是比较困难的。对于社会支持网络比较健全的贫困户来说，完全可以在亲戚朋友的帮扶下脱贫，但是因为有些贫困户依赖思想严重，别人帮了几次，就不愿意帮了。一个典型的案例是蔡某，39 岁，单身汉，与年迈的父母住在一起，父母靠种一点土地过活，他好吃懒做，不务正业，还赌博，在我们的访谈中，蔡某的父母向我们控诉，他们的儿子将他们的低保金和亲戚朋友的资助用来赌博并且屡教不改。

“等靠要”现象的产生有多方面的原因：一是部分贫困户的主观意识出现了问题，认为自己免费得到政府或者他人的恩惠是应得的，自己不用劳动就能收获何乐而不为，缺乏进取心、感恩心，这样的群体需要进行深刻的教育，并要在体制机制上避免助长其“等、靠、要”思想。二是在帮扶过程中存在方法和理念的问题，部分帮扶干部认为送钱、送粮、送油就是精准扶贫，没有摸清贫困户的主要需求，没有对症下药，也间接助长了“等、靠、要”思想滋生。三是攀比和反面典型的模仿。有人不劳动也能得到扶贫支持，自己努力劳动却什么也没有，这样的状况对于边缘贫困户来说是非常不好的，他们容易产生模仿的心态和行为，从而导致了“扶贫养懒”现象。

“等靠要”的现象具有诸多不良影响：一是贫困户无内生动力，越扶越贫。“等靠要”的“懒汉”心理，使得本来具有一定劳动力、拥有脱贫并发展潜力的人，思想上对自我脱贫无信心，没有致富志向，永远都无法摆脱贫困。二是助长歪风，侵蚀社会风气。“免费午餐”的存在必然会有人去盲目跟风，盲目效仿，把社会积极向上、自力更生的良好氛围打破。三是打击了扶贫工作人员的积极性，看不到贫困人口的脱贫，反而助长了其“等、靠、要”思想，阻碍扶贫进程。因此，我们要坚决杜绝“等、靠、要”思想在贫困户中间产生或蔓延。要加大宣传力度，把“扶智扶志”作为精准扶贫工作的重要一环，把感恩教育、勤奋教育扎根到贫困户心中。弘扬先进典型，曝光批判反面典型，通过榜样带动、反面警醒的方式，引领正确的社会风尚。真正做到精准识别、精准施策，杜绝简单的送钱、送米等“输血”式扶贫，加强产业扶贫，真正做到“造血式”扶贫。严格评定、审核，加强监督管理，做好评估、退出机制建设。

（四）调研感悟

在秀山县田野考察过程中，我们在基层政府负责人的带领下，走访了几个具有典型特点的贫困户和兜底户，切身感受到了贫困对他们生活、就医以及发展的影响，也进一步感受到国家精准扶贫任务之重、难度之大。在实地调研过程中，我们也收获了一些感悟和体会。

第一，我们的调研团队由四人组成，其中三位都是来自重庆市不同的区县。但是，还是存在地方性语言不通的问题。重庆市是一个地域广阔的山城，由于山地的阻隔以及交通不便，导致偏远山区的语言带有浓重的乡土气息，与重庆市当地主流的语言有较大差异。又加之说话语速快，一些内容我们听不太清楚，来自当地的随队调研的学生说他们也只能听懂 70%。所以，为了减小语言障碍对调研的影响，我们会主动地针对某些问题让当地引导我们去调研的基层干部给我们“翻译”，同时，我们也“睁大眼睛”，细致观察贫困户的行为、表现以及与基层村干部的互动，丰富我们的调研资料和感知。

第二，实地调研案例丰富，贫困体验具体而深刻。在秀山县的调研是我们此次调研走访扶贫单位和贫困户最多的地方。我们在短短的几天走访调查时间里，分别走访了秀山县扶贫办、梅江镇政府、石耶镇政府、八福村（古牛荡组、天堂组）、民族村、鱼梁村等，走访贫困户 14 家。他们的致贫原因多种多样，集中在因病致贫、因残致贫、年老致贫等方面，他们一般居住在深山还尚未实现搬迁，房屋结构简单破旧。贫困的程度触动了我们的内心，基层政府、社会各界等都在发挥自己的优势，努力帮助贫困户实现脱贫。看到一排排新盖起的搬迁房，听到基层干部给我们讲述的扶贫脱贫政策，我们又感到了无比的欣慰。

第三，在实地调研中，“入场”引领人是一个关键因素。在田野调查中，经常会遇到“入场”困境，没有“入场”引领人的帮助和带领，是很难接触和收集到第一手资料的。在本次实地调研中，当地扶贫办的工作人员和基层干部给予了我们很大的支持与帮助，他们带领我们一起走访贫困户，还为我们提供交通工具以供在村落之间的来往。他们不仅为我们的调研提供了方便，更关键的是他们的参与拉近了我们与贫困户之间的情感距离，建立了信任关系，使调研活动能够顺利开展。

二、黔江区兜底对象搬迁工作调查报告

（调研时间：2018 年 7 月）

（一）工作开展情况

黔江区位于全国 14 个连片特困地区之一的武陵山片区，山高坡陡，生产生活条件恶劣是当地群众贫困的主要原因。自 2013 年以来，黔江区紧紧围绕打造全国扶贫开发示范区的目标，以重庆市启动实施高山生态扶贫搬迁工作为契机，突出精准扶贫和整村脱贫，积极大胆探索、创新工作机制，开辟了深度贫困户兜底搬迁主战场，实施“瞄准一户就搬迁一户，搬迁一户就脱贫一户，脱贫一户就销号一户”的定点清除深度贫困户的新举措，破解了“搬富不搬穷”这一难题，夯实了脱贫致富根基，走出了一条崭新的扶贫开发路子。

为深入推进高山生态扶贫搬迁工作，增强贫困地区和贫困人口自我发展能力，实现尽早脱贫致富奔小康，根据市政府《关于加快推进高山生态扶贫搬迁工作的意见》，迅速成立了区高山生态扶贫搬迁工作领导小组办公室（以下简称“区扶贫搬迁办”），在调查摸底的基础上，区政府出台了《关于加快推进高山生态扶贫搬迁工作的实施意见》，对相关政策进行了明确。区政府根据资金筹集、任务完成、群众积极性等情况，适时调整年度建设任务，到 2017 年完成了 5 万人的搬迁任务。

（二）主要做法

黔江区围绕“建立深度贫困户搬迁四大工作机制”，即对象甄别机制、“一帮一”帮扶机制、政策保障机制、考核督查机制开展扶贫工作。

1. 对象甄别机制。为了准确把握全区符合兜底政策的搬迁对象，确立以村（居）为单位自下而上的推荐评选办法。各乡镇（街道）对全区符合高山生态扶贫搬迁条件的对象进行分门别类调查，特别是重点摸清农村低保户、建卡贫困户、D 级危房户等特殊困难群体底数，全面掌握每一个有搬迁意愿农户的人口、就业、收入状况，了解其对搬迁安置、就业意

向、土地调整、产业发展的打算，逐户登记建卡，建立搬迁需求人口数据库，作为规划编制和项目实施的重要依据，为有序推进高山生态扶贫搬迁奠定工作基础。

2. 落实“一帮一”帮扶机制。建立了“领导示范、部门联动”的深度贫困户搬迁兜底帮扶制度。对有意愿却没有能力搬迁的特别困难农户，实行区级领导、区级部门、乡镇街道、重点企业“一对一”对口帮扶搬迁。有效保障年底前让当年确定的兜底搬迁户一个不少地搬进新家过新年，营造了全区上下合力搬迁之势。

3. 强化政策保障机制。合理筹集资金，兜底户在享受 3 万元财政补助资金的基础上，由帮扶领导和帮扶部门按 5 万元/户标准进行资金补助。始终坚持两大机制，即坚持组织领导机制，对该项工作进行集中领导和统筹安排，做到有人抓、有人管、有人负责。坚持兜底搬迁帮扶机制，依靠各部门力量，有效破解资金瓶颈问题，形成帮扶合力。

4. 坚持考核督查机制。区委区政府把深度贫困户的搬迁工作作为全区的一项重点工作加以安排部署，并将各部门帮扶情况纳入年终综合目标考核，把搬迁工作纳入部门年度综合考核且由区委督导巡查办、区政府督查室定期不定期加强工作督查，推动工作及早落地。

黔江区结合“4 个 1”相对集中居住体系实施情况，积极鼓励引导高山生态扶贫搬迁对象相对集中安置，安置方式主要分为四种：

1. 进城区安置。积极引导有稳定收入来源的高山生态扶贫搬迁对象自主购房或转户进城安置。2013 年至 2015 年，实施进城安置 0.5 万人。

2. 进集镇安置。鼓励有条件、自愿从事第二、第三产业的搬迁对象向集镇、场镇规划安置区迁移。2013 年至 2015 年，实施进集镇安置 1 万人。

3. 进农民新村安置。对继续从事农业生产的搬迁对象，实行高转低、远转近，进入农民新村安置。2013 年至 2015 年，实施农民新村安置 1 万人。

4. 进特色大院等其他安置。搬迁对象自愿选择基础条件较好的特色大院自主建房安置以及自愿投亲靠友、自行联系跨行政区、自行采取其他方式安置。属农村“五保”对象的，主要由民政部门集中安置和供养。2013 年至2015年，实施其他安置1万人。[①]

（三）政策措施

1. 贫困户搬迁的相关政策与措施。

（1）资金补助政策。统一易地扶贫搬迁、生态移民搬迁、专项财政扶贫搬迁和农村D级危房改造的投资补助标准。一是农户安置房和配套基础设施建设资金计划由区扶贫搬迁办会同区主管部门下达给各项目街道镇乡，其中，农户建房补助按分类补助标准直补到农户，集中安置区配套基础设施建设资金按黔江区2012年补助标准补到街道镇乡。其余资金由区扶贫搬迁办统筹，倾斜用于高寒边远地区自然村落整体搬迁或贫困户占比高的生态扶贫搬迁集中示范点基础设施及后续产业建设。二是根据搬迁对象、安置条件不同，实行差异化的建房补助标准，农村低保户、建卡贫困户和D级危房户按户补助30000元，其他农户按户补助10000元。搬迁户不能重叠享受易地扶贫、生态移民、财政扶贫和农村危房改造补助政策。三是对特别困难的搬迁农户，按上述标准享受补助的同时，实行区级部门、街道镇乡、重点企业"一对一"对口帮扶搬迁。

（2）土地房屋政策。一是搬迁户原宅基地应退出、复垦。搬迁腾退的原宅基地及其附属设施用地优先纳入农村建设用地复垦，扣除新增建设用地面积后，节约指标作为地票交易或增减挂钩建设用地指标。二是高山生态扶贫搬迁集中安置点必须符合城乡总体规划、土地利用总体规划，同时建设前需向国土部门申请项目用地预审。集中安置点建设用地的审批按照单独选址项目审批要求办理。分散建房符合农房审批条件的，按农村宅基地审批程序审批。严禁享受宅基地复垦地票价款补偿政策的农户擅自建房。三是坚持集约节约用地，新建住房尽量占用存量建设用地或低丘缓坡地和荒地，安置房建设人均占地面积按照现行农村建房审批标准不超过30平方米（3人以下按3人计算，5人以上按5人计算）。四是引导搬迁对象利用拟复垦的住宅及附属设施与农民工户籍制度改革退出土地中不能复垦的"夹心房"、连体房进行置换，或与区位条件较好、正在申报复垦、质量较好的农房进行置

① 资料来源：黔江区扶贫办。

换。五是搬迁对象原有承包地、林地使用权不变，鼓励其自愿流转或用于参股专业合作组织。六是探索将在搬迁户宅基地及附属设施用地复垦后形成地票交易收益中迁出地集体经济组织所得的部分收益划拨给安置地集体经济组织，作为资源占用补偿，用于改善安置地生产生活条件和农村基础设施。对在城区自行购买建筑面积低于120平方米的首套住房搬迁户，凭所在街道镇乡及国土部门的身份认定证明、宅基地退出复垦证明和购房手续免交房屋交易契税。

（3）后续发展政策。坚持以稳得住、能致富为高山生态扶贫搬迁工作的着力点，以培育后续产业、促进群众就业为巩固搬迁成果的主攻方向，切实加大后续发展扶持力度。一是完善配套基础设施。各街道镇乡要根据安置区规划，围绕实现集中安置区生活设施、生产设施、公共服务等配套基础设施全覆盖目标，系统策划项目并在实施方案中一并报审。由区扶贫搬迁办牵头，根据总体规划和年度实施方案策划项目，按照“统一规划、集中使用、渠道不乱、用途不变、各负其责”原则，整合水利、交通、电力、国土整治、农业综合开发、生态建设等专项资金统筹制定资金筹措方案。二是加大产业发展扶持力度。力争实现搬迁户有1项相对稳定的增收项目。对继续从事农业生产的搬迁农户，鼓励安置地集体经济组织通过调剂、流转等方式为其提供适当的耕地，并由区扶贫搬迁办牵头，提出整合财政扶贫、民营经济、乡村旅游、生猪规模养殖、退耕还林成果巩固等资金整合方案，帮助安置区打造优质蔬菜、标准果园和优质蚕桑、烟叶、生猪等特色效益产业。对有条件、自愿从事旅游服务业的农户，鼓励通过发展“农家乐”或参股农民经济合作组织形式，发展乡村旅游，享受旅游服务业发展的有关优惠政策。三是加强就业创业扶持。由区人力社保局牵头提出安置区搬迁群众技能培训计划，由农业、教育、扶贫等部门具体实施，实行“雨露计划”“职教扶贫”政策搬迁对象全覆盖。鼓励建设项目优先使用本地搬迁群众务工，本地企业优先吸纳移民就业。支持移民自主创业，通过税收优惠、贷款贴息等方式加大对搬迁农户自主创业扶持力度。

（4）社会保障政策。搬迁对象享有与迁入地原住民同等政治经济待遇。有序推进农业转移人口市民化，鼓励进城务工有稳定收入来源的高山生态扶贫搬迁对象举家转户进城、进集镇安置，搬迁对象除享受高山生态扶贫搬迁补助政策外，享受农民工户籍制度改革政策赋予的社会保障、公租房配租、职业教育与就业培训、子女入学、中职就学免费等相关待遇。农村“五保”对象享受民政集中安置和供养政策。

2. 兜底户搬迁相关政策与措施。

针对深度贫困户兜底搬迁后“逐步能致富”的问题，采取了“五倾斜”予以解决。

（1）在建房资金投入上予以倾斜。根据搬迁对象收入和安置条件不同，一般农户按户补助 1 万元，农村低保户、建卡贫困户和 D 级危房户等三类群体按户补助 3 万元，对有意愿却没有能力搬迁的特别困难农户（即确定的深度贫困兜底户），整合区级领导、区级部门、街道镇乡、重点企业资金，还要落实按户补助 5 万元的“一对一”对口帮扶。

（2）在产业发展资金投入上予以倾斜。按照“财政扶贫资金的 70% 支持特色产业发展、产业扶贫资金的 70% 支持壮大 1 至 2 个特色产业，互助资金 100% 用于产业发展”的要求，结合兜底户实际，坚持“宜工则工、宜农则农、宜商则商、宜旅游则旅游”的原则，因户施策，确保产业发展资金到户到人。

（3）在项目规划上予以倾斜。对远离土地的兜底户，为了让撂荒的土地发挥经济效益，规划发展一年投入、多年有效的干果、水果产业，增加农户收入。

（4）在扶贫培训上予以倾斜。针对兜底户自身特点，因地制宜及时开展各类扶贫培训，促进兜底户掌握 1 至 2 门实用技术，提高自我发展能力。

（5）在公共服务上予以倾斜。对兜底户在教育、医疗、社会保障等方面全覆盖，筑牢因学致贫、因病致贫、因灾致贫防护堤，夯实脱贫致富基础。

（四）取得的成效

自 2013 年高山生态扶贫搬迁工作启动到 2017 年，全区 30 个乡镇街道累计完成搬迁 11148 户 42058 人，其中贫困人口 4955 户、18828 人（包括深度贫困户兜底搬迁434户、1437人），全区累计筹集帮扶资金1064万元。通过行之有效的举措，深度贫困户在生产生活条件上取得了“四个”彻底改变。①

1. 彻底改变了居住环境。通过实施兜底搬迁，在重点集镇、农民新村、特色院落分别安置深度贫困户15户、30户、256户，每户房屋居住面积在60至90平方米，安装了自来水管、照明用线，厨房餐具、电视机及住宿设备齐全。

2. 彻底改变了生产生活条件。让居住偏僻边远、贫困程度深、居住环境极差、生存条件十分艰难的贫困户彻底剪断了穷根，实现了通路、通水、通电，以及公共服务设施齐备等多年夙愿，彻底解决了“行路难”“饮水难”“就医难”“上学难”“致富难”等根本性问题，大幅度消除了致贫因素。结束了以树木作为燃料的历史，有效保护了生态环境。

3. 彻底改变了增收致富结构。按照因户施策、因人制宜的要求，对搬迁后的贫困户在产业发展及增收途径上进行了合理引导，帮助246户有劳动能力的贫困户到农业园区等就近务工，鼓励支持55户无劳动能力的贫困户参加一定的技能培训，尽可能掌握一门实用技术。同时，支持对闲置土地进行流转或发展一年投入、多年有效的水果、干果林。

4. 彻底改变了封闭的思想观念。搬迁户通过生产生活条件的改变，在移风易俗、政策法律观念等方面都有很大提高，精神面貌发生了根本性变化，消除了“等、靠、要”，自甘平庸等思想观念。

（五）典型案例：黔江区金溪镇望岭村桂花园安置点

1. 基本情况。

望岭村位于金溪镇南面，距镇政府所在地6公里，辖区面积9.339平方公里，平均海拔800米，辖8个村民小组，696户，2190人，劳动力1615人，耕地面积3337亩，其中田1215亩，土2122亩，人均占有耕地面积1.52亩，全村有贫困农户141户、568人。2011年望岭村贫困户人均纯收入只有1500元，远远低于2300元的贫困线标准。

---

① 相关资料来自重庆市黔江区扶贫办。

望岭村桂花园安置点位于望岭村六组，建设点距镇政府所在地 3 公里，占地面积 28. 43 亩，规划安置 80 户、280 人，目前已安置 59 户、202 人，其中统规代建 22 户 81 人（含 12 户 27 人兜底户），群众自建 37 户。统规代建户按照 8 ×12 米的标准建房，自建户按照 10 ×12 米标准建房。①

望岭村桂花园安置点是金溪镇党委政府着力打造的示范搬迁点，也是黔江区高山生态扶贫搬迁集中安置示范点。明晰以“代”为主，“代”“自”结合，以“代”促“自”，分期实施的工作思路。规划园安置点于 2017 年已完成基础设施建设总投资 425. 49 万元，完成“三通一平”、便民桥、污水处理池、堡坎、涵洞、河堤、排污管网、绿化美化、街道硬化等保障性设施建设。望岭村桂花园安置点的建设，凸显了几个与众不同的特色：一是实行整体搬迁，实现整村脱贫；二是集中安置，实现集中连片、统一管理；三是靠近集镇所在地，促进城镇化水平的提高。②

2. 做法与经验。

金溪镇在实施扶贫生态移民搬迁工作中，大胆创新，为移民提供充分保障，确保“搬得出、住得下、有保障、留得住”，取得明显成效。

（1）统筹搬迁，让移民搬得出。实施生态移民工程农户可以获得 1 万元补助，对于建卡建档贫困户可获得 3 万元补助。在搬迁安置过程中，按照自愿申报、村居审核、乡镇核查的原则，科学规划移民安置任务、安置方式、安置区域。在有关单位配合协调下，望岭村生态移民搬迁选址在新桥—桂花园安置区。

（2）创造岗位，让移民住得下。一是发展种植业，提供就业岗位。在桂花园安置区旁边建有 500 亩桂花园苗木基地，安排移民进园打理；引进一家高淀粉红苕加工厂，引导周边群众发展红苕种植，实现稳定的产业增收。二是调整结构，拓展就业空间。大力推进生态农业建设，安排部分移民进行蔬菜种植、采摘、运输等工作，打造城区和集镇蔬菜供应基地。三是搭建平台，引导农民创业。通过重庆市扶贫指导中心提供的“雨露计划”，有针对性地开展免费劳动技能培训，提高移民的劳动技能和劳务收入。

①② 资料来源：重庆市黔江区金溪镇经发办。

（3）政策支撑，让移民有保障。年轻人经过培训可以到城区多渠道就业；体弱多病的老年人，通过社保保证其最低基本生活需求。搬迁后原居住地的最低生活保障、医疗救助、新农合补助、养老保险等政策不变。移民搬迁后，原有的房产、山、林、田、土仍由搬迁户继续承包，不再承包的，也可按规定转包、出租或转让，收益归搬迁户所有。

（4）创新管理，让移民留得住。一是实现小区管理常态化。在安置区旁边建成新的村委办公室和活动室，参与对移民的管理。二是强化教育管理。加强移民在思想观念、生活习惯、行为养成等方面的教育，树立良好的邻里和谐关系，让移民尽快融入安置区生活。三是加强基础设施建设。安置点采取统规代建与统规自建相结合，设计公共服务中心、幼儿园、超市、休闲广场等公共设施，新安装了400kVA变压器，架设了输电线路。为移民创造一个舒适的生活环境。

3. 取得的成效。

（1）群众的思想观念和自我发展能力得到极大提高。搬迁前，移民思想封闭、信息闭塞，收入来源仅靠种养业，经济结构单一，人均收入低。搬迁后，受当地人民生产生活方式、思想观念意识等方面的影响，加上生产生活环境的改善，开阔了视野，促进了观念转变和思想解放，自我发展能力极大提高，从根本上破解贫困山区群众生存和发展难题，消除贫困，彻底拔掉穷根，逐步走上安居致富路。部分移民依托城市市场和便利的交通条件搞商品经营、跑运输和提供劳务服务等，实现多样化经营，进一步拓宽了增收门路，经济收入逐步增加，较好地解决了生存和发展问题。

（2）人居环境显著改善。搬迁前，生活环境“脏、乱、差”，村民赶集和看病，学生上学都需要到6公里之外的镇政府驻地，生产生活仍然靠肩挑背驮。整村搬迁后，安置房统一修建道路，安装水、电、闭路电视和网络，实施绿化、亮化工程，移民获得了更舒适的环境。黔枫二级公路由此经过，到金溪学校和镇卫生院只有3公里路程，有效解决了长期困扰群众的行路难、吃水难、就医难、就业难、住房难等问题，农户的生产、生活条件得到了根本性改善。

（3）加快扶贫开发进程。望岭村是扶贫攻坚的一块“硬骨头”，是金溪镇扶贫开发的主战场，这一地区人口居住分散、生存环境恶劣、交通不便、基础设施投入大、扶贫成本高。而通过生态移民安置，不仅有利于降低扶贫成本，还从根本上改善这些地区的贫困问题，实现“减贫摘帽”。2017 年，在外务工的移民人均月收入在 3000 元左右，年收入可达 3.6 万元，在家务农的移民，通过发展农业和赶集市场交易，人均月收入提高到 1000 元，此外对于深度贫困户还有最低生活保障、医疗救助、新农合补助、养老保险等政策。①

（4）生态环境得到有效保护。望岭村森林覆盖率达 75%，村民每年建房、烧炭、烧火做饭对森林造成了很大破坏。搬迁后，一方面减少了对自然资源的掠夺，减轻了生态环境压力，有利于保护自然植被和珍稀野生动物，促进生态恢复。另一方面与生态建设结合起来，实施天然林保护、退耕还林、小流域治理等生态建设工程，继续保持和提高望岭的森林覆盖率，实现林业资源可持续发展，促进生态文明建设，从而建设一个幸福美满、环境友好的家园。

（六）扶贫兜底户典型案例

1. 扶贫兜底户典型案例——陈某华。

姓名：陈某华

性别：男

民族：土家族

年龄：40 岁

家庭成员：妻子邹某琼；长女陈某，次子陈某东；大伯陈某荣。

原居住地：平溪村五组，小地名菜山沟。

致贫原因：陈某华和妻子腿部残疾，大伯陈某荣是聋哑人，两个孩子在金溪镇小学就读。

生活来源：搬迁前，住平溪村五组，从事种植维持全家生计，享受民政低保政策，家庭十分困苦，举步维艰；搬迁后，陈某华在金溪集镇开了理发店，平时做点木工活，依旧享受民政低保政策。

---

① 资料来源：重庆市黔江区金溪镇经发办。

帮扶单位：区公管办　区扶贫办

帮扶责任人：金溪镇副镇长　姚某胜

详细信息：

陈某华，土家族，现年40岁，家庭人口5人，由于腿部残疾，陈某华已丧失了重体力劳动的能力，即便如此，他依然是家庭的主要劳动力，其妻邹某琼现年30岁，也是一个残疾人，只能做一些简单的家务劳动以及照看孩子；长女陈某，现年10岁就读于金溪镇中心学校小学五年级；次子陈某东，现年6岁就读于金溪镇中心小学一年级；大伯陈某荣现年63岁，年老体弱，已丧失劳动能力且属三无人员。由于要负担整个家庭，长期劳累使陈某华的身体也经常出现病症。

搬迁前该户有木屋三间，每间实际大小都不到20平方米，不能满足全家正常起居。由于生活条件简陋，卫生意识淡薄，简陋的厨房又黑又脏，凌乱的餐具随处摆放；屋内四周墙角布满了大大小小的蜘蛛网；客厅里堆满了各种杂物，只剩几平方米的空间可以走动；卧室里更加凌乱，床上丢满了各种破烂的旧衣物；家畜家禽恣意放养。

该户原有田、土、林面积近20亩，由于生产环境十分恶劣，所需劳动强度较大，迫于身体原因不能耕作，大部分田地已经荒芜。后来，在金溪镇党委政府退耕还林政策宣传影响下，陈某华将家中8亩多田地进行了退耕还林，现在每年能够从政府拿到一定的退耕还林补助金。

2013年黔江区创新实施了兜底搬迁政策，镇政府按照区扶贫办关于兜底搬迁对象评审办法的具体要求，严格遵循“小组初评—村民、部分党员代表集中评议—村（民）初审—镇政府审查—区扶贫办领导入户核查”流程，确定金溪镇平溪村五组陈某华这样一个特殊家庭为金溪镇2013年度兜底搬迁户，并于2014年10月搬迁至金溪镇望岭村桂花园集中安置区，距集镇所在地仅3公里，极大地方便了日常的生产生活。

针对陈某华家庭的特殊情况，镇政府按照区委、区政府兜底扶贫搬迁工作总体部署制定了切实可行的帮扶措施。在落实帮扶主体责任的同时，积极联系区公管办和区扶贫办帮助解决陈某华的兜底建房资金，镇政府采取“一对一”帮扶措施，明确由该村驻村领导姚某胜副镇长具体负责该户建房事宜，积极为陈某华家庭落实低保、土地复垦、退耕还林等政策。

陈某华在桂花园集中安置区获得了政府集中建设的一套 96 平方米的住房，他本人没有出任何建房费用，而且政府还为陈某华家购置了床、棉被、桌、椅、炊具等各式家具和生活日用品，这种拎包入住式的扶贫政策替他实现了此前想都不敢想的住房梦。

政府不仅解决他的住房问题，还帮助解决他的生计问题。由于桂花园安置区距离他原来生活的平溪村较远，土地耕作极不方便，因此家中原有田地基本闲置。通过镇有关部门的指导，陈某华打算将闲置土地进行流转获得收入，把平溪村破烂的老房子通过重庆市土地复垦政策对老房子宅基地进行土地复垦，从而获得一笔收入。现在的陈某华利用赶场天在集镇做起了理发生意，在闲时做一些木工活，另外陈某华家庭依旧享受民政部门的低保政策。虽然生活简单，但是依然充满了信心和动力。陈某华说，现在他最大的希望就是能够挣钱让两个孩子读书长大成才。

2. 扶贫兜底户典型案例——田某华。

姓名：田某华

性别：男

民族：土家族

年龄：23 岁

家庭成员：妹妹田某花

原居住地：山坳村四组

致贫原因：田某华患有偏瘫，左半身肌肉萎缩

生活来源：搬迁前，靠孤儿救助政策和亲戚救助生活，每年的收入还不能保证正常的生活；搬迁后，田某华通过老家宅基地复垦后所得的 4 万多元资金，在金溪集镇开了个 2 元店，每年收入在 1 万元左右；妹妹田某花在城里打零工，每月收入在 800 元左右。兜底扶贫搬迁后田某华也过上了安居的生活。

帮扶单位：区扶贫办

帮扶责任人：金溪镇副镇长　李某福

详细信息：

田某华，男，土家族，现年23岁，家庭人口2人，除了田某华以外还有一个17岁的妹妹田某花。田某华年少时，由于父亲长期病重，在田某华母亲尚在怀孕期间，父亲便已病逝，然而更不幸的是在妹妹田某花出生后不久，母亲又被病魔夺去生命。兄妹俩从此便成了孤儿，他们只得由早已改嫁岔河村的奶奶抚养。但是，不幸并未就此放过这对可怜的兄妹，田某华经医院诊断为患有偏瘫，左半身肢体肌肉萎缩，并影响大脑，出现反应迟缓等症状。

由于家中没有劳动力，且长期被寄养的经历，初中尚未毕业的田某华辍学谋生。而田某华是个相当勤劳、朴实的小伙子，虽然失去了父母，但他依然坚强乐观；妹妹田某花现在也已经初中毕业，在黔江城的餐馆里打工。

针对田某华的特殊情况，金溪镇党委政府以及山坳村村支两委做了大量的帮扶工作。在田某华父母去世后，山坳村村干部给田某华兄妹申请了民政部门的孤儿待遇，一定程度解决了生活费用问题。在田某华辍学后，山坳村村干部建议对田某华家老宅进行宅基地土地复垦，然后在镇政府的帮助下，利用土地复垦所得的4万多元在金溪镇中心学校附近开了一个“2元店”。

2014年10月兄妹俩正式搬进了望岭村桂花园安置区内的新房。田某华兄妹的新居大约96平方米，建房费用均由区扶贫办、金溪镇政府等帮扶单位解决，不但没有让兄妹出一分钱，金溪镇政府还出资近万元为田某华兄妹购买了一整套的家具和日常用品。

在山坳村老家，田某华家尚有4亩左右的耕地，但是由于身体原因不能从事农业劳动，田某华便将耕地通过流转给邻居耕作，获得一点流转收入。田某华则经营着一个“2元店”，每年收入大约有10000元，妹妹田某花在黔江的小餐馆打工，虽然每个月的工资不到1000元，但是兄妹俩自食其力解决了基本生活问题，现在政府又为他们解决了住房问题，兄妹俩表示对今后的生活充满信心，将会用更大努力创造更好的生活条件。

三、访谈提纲

1. 民政兜底的主体访谈提纲

（1）您所在的单位的基本情况？所在区域及组织类型是什么？

（2）你如何理解民政兜底？民政兜底与专项扶贫和行业扶贫有什么区别？优势和劣势？

（3）您以及您所在的组织开展这些民政兜底的目的和动机是什么？

（4）您所在单位开展了哪些民政兜底项目？你们的项目实施范围是哪里？提供哪些资源？资源如何整合？如何分配？如何组织协调？项目如何进行管理？

（5）你们开展的项目是如何监督考核的？如何与其他部门以及当地受益人群之间进行有效沟通的？

（6）你们开展的项目是如何进行评估的？您认为这些项目实施效果是否达到了您以及您所在组织的预期目的？哪些目标已经实现？还有哪些效果可以进一步提升？

（7）在所开展的项目中取得了哪些成效，有哪些经验是值得推广的？

（8）您以及您所在的组织在开展民政兜底过程中，遇到了哪些瓶颈和困难？您觉得出现这些困难的原因是什么（外部因素、内部因素等）？您认为这些问题有哪些措施可以解决？

（9）为了更好地开展民政兜底，您所在的组织需要得到哪些资源（政策环境、技术支持、资金支持、人力资源、信息共享平台等）？

（10）您认为“民政兜底”在大扶贫观中应该扮演怎么样的角色？承担怎样的职能？

（11）民政兜底的主体除了当前我国文件中提到的“六大主体”外，您认为还有哪些力量可以纳入民政兜底中？

（12）您认为在“国家、市场和社会的大扶贫观”中，民政兜底的主体（六大主体）可以通过哪些新途径来开展扶贫工作？为了更好地实现全面建设小康社会的奋斗目标，推进扶贫工作，在民政兜底工作中，可以有哪些创新性举措（理念、方法、环境、整合、管理、参与、动员、评估机制等）？

2. 政府相关部门工作人员访谈提纲

（1）您所在的单位或部门是？该部门在扶贫开发中有哪些职责？

（2）你如何理解民政兜底？民政兜底与专项扶贫和行业扶贫有什么区别？

（3）您所在部门开展了哪些民政兜底项目？其中哪些最具有独特性和典型性？其独特性表现在哪些方面？

（4）你们参与民政兜底过程中如何整合资源？如何分配？如何组织协调？项目如何进行管理？

（5）您在执行该项目时，如何与项目资助方、项目实施方以及项目受益人之间进行沟通协调？其运作机制是怎样的？

（6）你们开展的项目是如何进行评估的？您认为这些项目实施效果是否达到了您以及您所在部门的预期目的？哪些目标已经实现？还有哪些效果可以进一步提升？

（7）在所开展的项目中取得了哪些成效，有哪些经验是值得推广的？

（8）您在开展该项工作时，遇到的困难有哪些（请列举2～3项）？您觉得出现这些困难的原因是什么（外部因素、内部因素等）？您认为这些问题有哪些措施可以解决？

（9）为了更好地开展民政兜底，您所在的部门需要得到哪些资源（支持）（政策环境、技术支持、资金支持、人力资源、信息共享平台等）？

（10）您认为“民政兜底”在大扶贫观中应该扮演怎样的角色？承担怎样的职能？

（11）民政兜底的主体除了当前我国文件中提到的“六大主体”外，您认为还有哪些力量可以纳入到民政兜底中？

（12）您认为在“国家、市场和社会的大扶贫观”中，民政兜底的主体（六大主体）可以通过哪些新途径来开展扶贫工作？为了更好地实现全面建设小康社会的奋斗目标，推进扶贫工作，在民政兜底工作中，可以有哪些创新性举措（理念、方法、环境、整合、管理、参与、动员、评估机制等）？

3. 村主任或村书记访谈提纲

（1）您所在的村接受了来自哪些方面的扶贫帮助？哪些帮助是来源于民政兜底（访员解释不同扶贫主体的扶贫项目）？具体每个帮助主体是如何在我们村开展扶贫工作的？

（2）在扶贫开发过程中，您如何评价不同扶贫主体？

（3）这些项目是如何进行资源整合？如何分配？如何组织协调？项目如何进行管理？项目资助方、项目实施方以及项目受益人之间如何进行沟通协调？项目是如何进行评估的？

（4）您认为这些项目实施效果是否达到了预期目的？哪些目标已经实现？还有哪些效果可以进一步提升？他们采取这种帮扶方式，对我们村的实际促进作用表现在哪些方面？可以举例说明成功经验吗？

（5）他们所采取的这种帮助方式存在哪些方面的不足？举例说明产生过的问题。您觉得出现这些问题的原因是什么（外部因素、内部因素等）？您认为这些问题有哪些措施可以解决？

（6）您所在村需要得到哪些资源（支持）（政策环境、技术支持、资金支持、人力资源、信息共享平台等）？

（7）作为接受帮助对象的主要负责人，您能否提出一些有关我们村扶贫的新对策？

4. 兜底贫困户访谈提纲

（1）您或者您的家庭获得了来自谁的扶贫帮助？他们是怎样对您或您的家庭进行帮助的？

（2）对于这些帮助过您的不同群体，您可以评价比较一下他们对您的帮助吗？

（3）他们所给予的这种帮助，对您家庭的实际帮助大吗？成功的例子有哪些？

（4）他们所给予的这种帮助有哪些方面的不足？出现过哪些方面的问题吗？

（5）工作人员在对您的家庭进行帮助的过程中，存在哪些方面的不得当？他们的帮助水平与专业性如何？

（6）与和你们同等条件的村民相比，有哪些方面的帮助是他们获得了而您的家庭没有获得的呢？这种帮助在每户村民之间的分配公平吗？

（7）除了上述提到的帮助方面，还有哪些帮助的方面没有包含到？您有什么方面是非常需要得到帮助的吗？

（8）作为获得帮助的人，您认为有什么新的方法可以更好地使这项工作进行下去？

参考文献

[1] [美] 奥斯卡·刘易斯. 桑切斯的孩子们: 一个墨西哥家庭的自传 [M]. 李雪顺, 译. 上海: 上海译文出版社, 2014.

[2] 本报评论员. 发展社会救助 兜底保障民生 [N]. 人民日报, 2020-08-26 (001).

[3] 曹清华. 老年社会救助的兜底保障问题研究 [J]. 河南师范大学学报 (哲学社会科学版), 2016, 43 (3).

[4] 陈静. 儿童社会保障现状及发展路径研究 [J]. 残疾人研究, 2012 (2).

[5] 陈良谨主编. 社会保障教程 [M]. 北京: 世界知识出版社, 1990.

[6] 陈良瑾. 社会救助与社会福利 [M]. 北京: 中国劳动社会保障出版社, 2009.

[7] 陈宁. 国外社会保障政策的演变与趋势 [J]. 理论探索, 2011 (1).

[8] 池秋娜, 郭玉辉. 社会兜底保障由收入型贫困向支出型贫困延伸研究——以医疗支出型贫困为例 [J]. 社会政策研究, 2018 (4).

[9] 充分发挥儿童福利机构的作用 [OL]. 山东省民政厅网, 2015-6-10.

[10] 大鹏. 发挥社会救助的兜底保障作用 [J]. 中国民政, 2016 (7).

[11] 邓大松, 薛惠元. 社会保障如何补短板、兜底线 [J]. 中国社会保障, 2013 (10).

[12] [美] 迪尼托. 社会福利: 政治与公共政策 (第五版) [M]. 何

敬、葛其伟译，北京：中国人民大学出版社，2007.

［13］樊怀玉等．贫困论——贫困与反贫困的理论与实践［M］．北京：民族出版社，2002.

［14］冯敏良，高扬．社会福利机构利益相关者解析［J］．兰州学刊，2005（5）.

［15］冯仕文，王斌，尹秀钰，黄猛，龙云浩．贵州省打赢脱贫攻坚战和全面建成小康社会背景下民政兜底保障作用研究［J］．社会政策研究，2018（4）.

［16］高灵芝，杨洪斌．个案管理应用于社会救助的优势与思路［J］．东岳论丛，2010（9）.

［17］高强，刘同山，沈贵银．2020年后中国的减贫战略思路与政策转型［J］．中州学刊，2019（5）.

［18］公丕明，公丕宏．精准扶贫脱贫攻坚中社会保障兜底扶贫研究［J］．云南民族大学学报（哲学社会科学版），2017，34（6）.

［19］谷红彬．兜底保障——社会救助体系建设的核心取向［J］．中国民政，2013（3）.

［20］关信平．朝向更加积极的社会救助制度［J］．中国行政管理，2014（7）.

［21］关信平．重大突发事件中困难群体兜底保障体系建设思路［J］．中共中央党校（国家行政学院）学报，2020，24（3）.

［22］郭妍．残疾儿童教育企盼新教材好老师［N］．陕西日报，2014－3－11.

［23］国务院扶贫办、教育部、人力资源和社会保障部．关于加强雨露计划支持农村贫困家庭新成长劳动力接受职业教育的意见［OL］．中华人民共和国教育部官网，http：//www. moe. gov. cn/jyb_xxgk/moe_1777/moe_1779/201507/t20150701_192084. html.

［24］何文炯．社会保障何以增强兜底功能［J］．人民论坛，2020（23）：81－83.

［25］洪大用．强化社会政策兜底保障功能［J］．社会政策研究，2019

(1).

［26］韩华．我国孤残儿童家庭寄养问题研究［D］．北京：北京交通大学硕士学位论文，2006.

［27］黄承伟，庄天慧．自然灾害应对与扶贫开发：理论与实践［M］．上海：华东师范大学出版社，2013.

［28］黄建．失独家庭社会救助问题研究［J］．理论探索，2013 (6).

［29］黄清峰．社会保障兜底脱贫攻坚的理论和实践路径研究［J］．财政监督，2018 (16).

［30］黄树贤．切实发挥民政在脱贫攻坚战中的兜底保障作用［N］．人民日报，2018-01-18 (013).

［31］黄树贤．切实发挥民政在脱贫攻坚战中的兜底保障作用［J］．中国民政，2018 (3).

［32］贾玉娇．探索建立五项机制，做好新时代社会救助兜底保障［N］．中国社会报，2019-03-14 (003).

［33］蒋从斌．精准扶贫政策背景下社会救助制度兜底作用探究［J］．农村经济与科技，2017 (10).

［34］金炳彻．从机构福利到社区福利——对国外社会福利服务去机构化实践的考察［J］．中国人民大学学报，2013 (2).

［35］［英］莱恩·多亚尔，尹恩·高夫．人的需要理论［M］．汪淳波、张宝莹译，北京：商务印书馆，2008.

［36］李纪恒．筑牢脱贫攻坚兜底保障的坚固防线［N］．人民日报，2020-03-27 (011).

［37］李琼，张蓝澜，庄茜．武陵山片区社会保障兜底扶贫实践［J］．合作经济与科技，2020 (19).

［38］李伟．国外社会福利服务去机构化及其启示［J］．云南社会科学，2014 (4).

［39］李晓伟．山东省东平县精准扶贫兜底保障研究［D］．泰安：山东农业大学，2020.

［40］林莉红，孔繁华．社会救助法研究［M］．北京：法律出版社，

2008.

[41] 令勇. 打好精准扶贫攻坚战 切实发挥民政兜底职能 [J]. 中国民政，2016 (7).

[42] 刘豪兴. 农村社会学 (第三版) [M]. 北京：中国人民大学出版社，2016.

[43] 刘美华. 公办养老机构承担失能失智老人托养兜底保障问题研究 [J]. 人口与健康，2019 (8).

[44] 刘升. 国外社会保障制度的改革实践给我国的启示 [J]. 中共四川省委党校学报，2003 (2).

[45] 刘欣. 功能整合与发展转型：精准扶贫视阈下的农村社会救助研究——以贵州省社会救助兜底扶贫实践为例 [J]. 贵州社会科学，2016 (10).

[46] [美] 米尔顿·弗里德曼. 资本主义与自由 [M]. 张瑞玉译，北京：商务印书馆，2004.

[47] 穆杰. 立足实际织牢县域民生保障"兜底网" [J]. 国家治理，2019 (27).

[48] 内蒙古自治区派驻巴林左旗脱贫攻坚工作总队联合调研组，贾广君，于海波，张玲玲. 在脱贫攻坚兜底保障中更好发挥临时救助作用 [J]. 实践 (思想理论版)，2020 (7).

[49] 宁艳阳. 大病兜底保障三种方法可借鉴 [J]. 中国卫生，2017 (7).

[50] 彭华民，黄叶青. 福利多元主义：福利提供从国家到多元部门的转型 [J]. 南开学报 (哲学社会科学版)，2006 (6).

[51] 彭华民. 中国社会救助政策创新的制度分析：范式嵌入、理念转型与福利提供 [J]. 学术月刊，2015 (1).

[52] 戚锡生. 充分发挥社会救助在脱贫攻坚中的兜底保障作用 [J]. 群众，2016 (11).

[53] 祁毓，卢洪友. "环境贫困陷阱"发生机理与中国环境拐点 [J]. 中国人口·资源与环境，2015，25 (10).

[54] 社会救助暂行办法 [M]. 北京：中国法制出版社，2014.

[55] 申学锋. 国外农村低保制度经验借鉴与启示 [J]. 地方财政研究，2009 (5).

[56] 唐成杰. 健康扶贫政策下的农村贫困患者医疗保障机制研究 [D]. 重庆：重庆医科大学，2019.

[57] 唐钧. "十一五"以来社会救助发展的回顾与展望 [J]. 社会科学，2012 (6).

[58] 万国威. 新时代我国贫困人口兜底保障的大数据治理变革 [J]. 华中科技大学学报（社会科学版），2020，34 (2).

[59] 王珂瑾. 法制化：构建我国农村社会保障制度的路径选择 [J]. 农村经济，2012 (6).

[60] 王雨林. 中国农村贫困与反贫困问题研究 [M]. 长沙：湖南师范大学出版社，2008.

[61] 王子今，刘悦斌，常宗虎. 中国社会福利史 [M]. 武汉：武汉大学出版社，2013.

[62] 魏兴武，张建新. 五十个国家社会保障制度 [M]. 北京：劳动人事出版社，1985.

[63] 武善鹏. 农村最低生活保障制度与扶贫开发政策有效衔接研究 [D]. 济南：济南大学，2019.

[64] [英] 希尔. 理解社会政策 [M]. 刘升华译，北京：商务印书馆，2003.

[65] 习近平. 谈治国理政 [M]. 北京：外文出版社，2014.

[66] 谢勇才，丁建定. 从生存型救助到发展型救助：我国社会救助制度的发展困境与完善路径 [J]. 中国软科学，2015 (11).

[67] 谢勇才，黄万丁，王茂福. 失独家庭的社会救助制度探析 [J]. 社会保障研究，2013 (1).

[68] 谢增毅. 中国社会救助制度：问题、趋势与立法完善 [J]. 社会科学，2014 (12).

[69] 熊跃根. 转型经济国家中的"第三部门"发展：对中国现实的解

释［J］. 社会学研究，2001（1）.

［70］徐月宾，张秀兰. 中国政府在社会福利中的角色重建［J］. 中国社会科学，2005（5）.

［71］徐泽民. 发展社会学理论［M］. 北京：中国人民大学出版社，2014.

［72］徐增阳，付守芳. 农民工的社会救助：需求、认知与意愿［J］. 华中师范大学学报（人文社会科学版），2011（3）.

［73］许云芳，孟姗姗. 社会保障兜底扶贫效应研究——以山西省临汾市为例［J］. 山西农业大学学报（社会科学版），2020，19（5）.

［74］杨荣. 社会工作介入社会救助：策略与方法［J］. 苏州大学学报（哲学社会科学版），2014（4）.

［75］杨无意. 中国孤残儿童社会福利的现状与问题［J］. 社会福利，2013（5）.

［76］袁方. 社会研究方法教程（重排版）［M］. 北京：北京大学出版社，2016.

［77］张福顺. 农村最低生活保障制度兜底脱贫的主要进展、问题与对策——基于罗霄山区遂川县的调查［J］. 社会福利，2017（12）.

［78］张浩. 分类施保也需精准——“兜底一批”政策中的一个问题［J］. 中国发展观察，2016（17）.

［79］张兴杰，张开云，梁雅莉. 残疾人社会救助体系优化论析［J］. 浙江社会科学，2012（12）.

［80］张泽胜，刘宝臣. 民政兜底保障的实践探索和思考——基于山东省的实地调研［J］. 重庆文理学院学报（社会科学版），2020，39（3）.

［81］中民. 充分发挥社会救助在新时代的兜底保障作用［J］. 中国民政，2018（8）.

［82］周苏，伍红梅. 欧美国家社会保障制度的沿革及对我国的借鉴［J］. 学术界，1996（3）.

［83］朱薇. 社会保障兜底扶贫的作用机理［J］. 人民论坛，2019（7）.

[84] 邹炜龙. 黄石精准扶贫政策兜底集中福利供养：问题与对策 [J]. 湖北省社会主义学院学报，2016 (5).

[85] 左停，贺莉，赵梦媛. 脱贫攻坚战略中低保兜底保障问题研究 [J]. 南京农业大学学报 (社会科学版)，2017，17 (4).

后　记

民政兜底是扶贫攻坚、乡村振兴战略中最基础和最重要的一环，兜底线不仅要提供基本保障，还要针对因病、因灾等特殊原因基本保障兜不住，陷入生活窘境的弱势群体进行社会救助。兜底对象是社会保障制度中最低层次保障的对象，是社会最后一道安全网，兜底对象是必须关注和保障的对象，是社会救助的范畴。

本书是重庆市武陵山片区扶贫开发协同创新中心重大委托项目的最终成果。我在担任长江师范学院政治与历史学院（马克思主义学院）院长期间，与学院两位政治辅导员王文涛（毕业于吉林大学社会学专业）、李泽桦（毕业于武汉大学社会工作专业）对精准脱贫有共同的研究志趣，两位硕士均毕业于国内一流大学，与我一样也出生和成长在农村，对于农村的发展有很深的情怀，对农村发展中存在的问题高度关注。于是在长江师范学院重庆武陵山片区扶贫开发协同创新中心主任熊正贤教授的肯定和支持下对该项目立项并进行研究。从立项到本书出版历时较长，在此期间，我们召开了无数次的专家论证会、项目组会以及小组例会等，为项目定方向、提供调研地点、确定写作形式等。我们的调研小组先后6次深入重庆武陵山区、县、农村调研。调研团队精心选拔了长江师范学院优秀学生干部文吕、冉淑婷等同学参与到调研工作中来，一方面引导他们将课本知识应用于实践，“活学活用”；另一方面，为他们日后考研做好准备和打好基础。调研小组利用暑期、国家节假日等休息时间进行田野调研与学术创作，深入偏远山区，舟车劳顿，调研过程实属不易。参与后期资料整理与归类的工作人员有：王文涛、李泽桦、张茹淋、黄媛媛、范双双、罗双。他们在工作和学习之余，很好地完成了这项工作。本书写作的具体分工是：李泽榉负责第一章、第二章；王文涛负责第三章、第五章；吴明永负责第四章。在实地调研、资料整理以及成果写作过程中，每一位小组成员都尽职尽责、刻苦努力、毫无怨言。他们每个人都怀着对社会弱势群体的关怀以及对学术研究的执着做好每一项工作，当然，在此过程中他们收获了长足的进步和人生的成长。

可以说，该书的最终出版历经“波折”。在该书的田野调研和文本写作过程中，研究团队中的主要负责人和撰稿人陆续出现了读博升学和工作单位变动等状况，最后三位作者均陆续离开了长江师范学院。我于2019年到了十三朝古都西安，担任陕西科技大学马克思主义学院院长，王文涛于2017年到吉林大学攻读社会学博士，毕业后到了重庆工商大学任教，李泽榉于2019年调动到重庆医科大学人事处工作，都到了省内外其他大学工作或学习，从而导致实地调研、研究进度受到影响。但是，我们一致认为，兜底人口脱贫问题始终是一个关乎国家社会发展的重要议题，是从全面建成小康社会到乡村振兴的基础性工作，不能放弃我们前期的努力。于是，在主创人员适应和融入新的工作、学习环境，融入到新的科研团队之后，我们又重新将该项目提上研究日程。经过与编辑老师的多次沟通交流和一年多的不懈努力，该研究成果终于在2022年付梓。

在本书中，重庆武陵山片区扶贫开发协同创新中心、重庆市扶贫办、黔江区扶贫办、秀山县扶贫办等单位为我们提供了丰富的实地调研场所，并为我们提供了必要的调研后勤保障，他们指派人员陪同我们深入调研一线，为我们全景展示和回顾了民政兜底政策的实施过程与历史经验；尤其是原秀山土家族苗族自治县纪委书记袁华权同志在知晓这一项目调研工作后，给予了大力的支持和细心的帮助。长江师范学院重庆武陵山片区扶贫开发协同创新中心原主任熊正贤教授、乌江流域经济社会发展研究中心李良品教授、马克思主义学院院长祝国超、传媒学院院长韦济木教授等为我们项目实施提供了宝贵的建议和有力的支持；长江师范学院政治与历史学院、传媒学院的同学们协助老师为此项目做了大量的基础性工作；经济科学出版社财经分社副社长王娟，编辑郭威、徐汇宽等同志为我们的项目成果多次提出了宝贵的修改意见，并不厌其烦地进行校对，使该成果更符合学术规范、更具有理论性和实践指导意义。在此向以上单位和个人一并表示感谢，没有他们的鼓励、支持和帮助，就没有该项目成果的顺利面世。

本书对兜底对象的人口学特征进行了归纳与总结，并对重庆市武陵山片区兜底扶贫政策的内容进行了梳理，回顾了民政兜底政策在实施过程中表现出来的问题以及改进策略。本书重在对民政兜底政策进行历史回顾，所以描述性强，理论基础薄弱；本书关注的重庆市武陵山片区兜底政策属于宏观顶层设计层面，对兜底对象与扶贫政策的互动与反应关注不足。本书是2016年度立项的重庆武陵山片区扶贫开发协同创新中心重大委托项目，侧重于重庆市武陵山片区民政兜底政策内容和经验的收集与介绍，调研集中在2016年至2017年，因此书中涉及的部分数据大都来自2016年、2017年研究团队的调研，在本书中我们没有涉及的研究内容也是我们下一步继续努力的方向。在国家全面建成小康社会之后，如何巩固好脱贫攻坚成果，大力推进乡村振兴战略，民政兜底政策的成功实践会给新阶段、新工作提供更多有益启示。由于项目组成员水平有限，难免会有不足之处，希望专家读者批评指正。

2021年5月24日，民政部、国家发展和改革委员会印发《“十四五”民政事业发展规划》。规划中明确指出“十四五”期间以充分发挥民政工作在社会建设中的兜底性、基础性作用为主线，以改革创新为根本动力，以满足人民日益增长的美好生活需要为根本目标，更好履行基本民生保障、基层社会治理、基本社会服务等，突出政治性、群众性、时代性、协同性，统筹发展和安全，为全面建设社会主义现代化国家作出新的贡献。在后续的研究中，我们将充分利用陕西省（高校）哲学社会科学重点研究基地——陕西农村基层党组织建设研究中心这一省级科研平台，继续关注新发展阶段、新发展格局下巩固脱贫攻坚成果、实施乡村振兴战略、农村基层党组织建设、促进共同富裕、基层社会治理现代化等相关议题，将这份对农村的发展、对乡村振兴的学术情怀延续下去。

吴明永

2022年1月